U0734266

00101100000010100011100010110000000

税务风险管理和筹划

大数据管税背景下的财税实务

李禹池 著

人民邮电出版社
北京

图书在版编目（CIP）数据

税务风险管理和筹划：大数据管税背景下的财税实务 / 李禹池著. -- 北京：人民邮电出版社，2024.2
ISBN 978-7-115-61528-2

Ⅰ．①税… Ⅱ．①李… Ⅲ．①税收管理－风险管理－中国②税收筹划－中国 Ⅳ．①F812.423

中国国家版本馆CIP数据核字(2023)第062575号

内 容 提 要

本书一共分为10章，在介绍我国大数据管税发展过程的基础上，全面分析了企业在不同发展阶段应如何建立起完善的税务风险管理体系，并阐述了税务筹划和逃税的边界问题，同时梳理了近些年税务机关和企业都较为关注的财税热点问题。

本书内容实用，系统性强，体系完善，适合企业经营者、企业财税人员、财税培训人员、 财税培训人员、对财税感兴趣的人员和创业群体阅读。

◆ 著　　　　李禹池
　责任编辑　陈楷荷
　责任印制　周昇亮

◆ 人民邮电出版社出版发行　　北京市丰台区成寿寺路 11 号
　邮编　100164　电子邮件　315@ptpress.com.cn
　网址　https://www.ptpress.com.cn
　廊坊市印艺阁数字科技有限公司印刷

◆ 开本：700×1000　1/16
　印张：15.25　　　　　　　　　2024 年 2 月第 1 版
　字数：217 千字　　　　　　　2025 年 8 月河北第 5 次印刷

定价：79.80 元

读者服务热线：(010)81055296　印装质量热线：(010)81055316
反盗版热线：(010)81055315

CONTENTS/目录

第 2 章　　不同的纳税主体　　013

第 3 章　税务筹划，向前一步就是逃税　041

第 4 章　账上的财税风险管理　067

第 5 章 案例解析纳税申报环节的风险管理 085

第 6 章　企业绕不开的痛——发票　　109

第 **7** 章　以正确的姿态面对税务稽查　　133

第 8 章　大数据管税下的工资、福利风险防控　159

第 9 章 大数据管税下的热点财税问题 181

第 10 章　大数据管税背景下税收筹划的门道　213

第1章
大数据如何实现管税

数据是会说话的。所有的企业、所有的个人每天都会制造大量的数据，大数据管税将会颠覆税务机关传统的"以票管税"的模式，纳税人的申报数据、发票数据、房产交易数据、金融交易数据、物联网数据、宏观分析数据、财务数据等以后都会是税务机关管理纳税人的抓手，税务机关会将这些数据融会贯通，进而识别出企业的纳税风险点并进行监管。

1.1 金税四期背景下的大数据管税思路

金税三期刚刚上线时，网络上关于金税三期的报道铺天盖地，恨不得将金税三期的原理弄透彻。到了金税四期，网络上虽有报道，但是我们发现了一个问题：官方从未讲过金税四期是怎么回事，所谓的金税四期"揭秘"一类的报道也没有什么有"营养"的信息。金税四期究竟是什么呢？我们一起来看看。

1.1.1 从国家宏观政策上看

2021 年 3 月，中共中央办公厅、国务院办公厅印发了《关于进一步深化税收征管改革的意见》（以下简称《意见》），《意见》中提出着力建设以服务纳税人缴费人为中心、以发票电子化改革为突破口、以税收大数据为驱动力的具有高集成功能、高安全性能、高应用效能的智慧税务，并提出了 4 年目标。到 2022 年，在税务执法规范性、税费服务便捷性、税务监管精准性上取得重要进展。到 2023 年，基本建成"无风险不打扰、有违法要追究、全过程强智控"的税务执法新体系，实现从经验式执法向科学精确执法转变；基本建成"线下服务无死角、线上服务不打烊、定制服务广覆盖"的税费服务新体系，实现从无差别服务向精细化、智能化、个性化服务转变；基本建成以"双随机、一公开"监管和"互联网 + 监管"为基本手段、以重点监管为补充、以"信用 + 风险"监管为基础的税务监管新体系，实现从"以票管税"向"以数治税"分类精准监管转变。到 2025 年，深化税收征管制度改革取得显著成效，基本建成功能强大的智慧税务，形成国内一流的智能化行政应用系统，全方位提高税务执法、服务、监管能力。

我们不难发现，金税四期是基于《意见》的下发应运而生的，了解了《意见》的实质，自然而然地也就知道金税四期到底会如何发展了。金税四期的核心无外乎大数据的全面应用，根本性的变革就是改变近 30 年的"以票管税"的管理模式，转变为以大数据分析为基础的"以数治税"的管理模式。

1.1.2　从微观办税方式的变化看大数据管税思路

税收管理员制度从 20 世纪 50 年代发展到现在，在"以票管税"的管理模式下，发挥了重要的作用。但是随着我国经济和税务环境的变化，"一人进厂，各税统管，集征、管、查于一身"的税收管理员制度的弊端也显露无疑，很多省份已经相继发布了取消税收管理员的文件，税收管理模式由"管人"变成"管事"。那么没"人"直接管企业了，"事"怎么去管呢？大数据风险指标这个概念就应运而生了。

大数据管税强调的是"无风险不打扰"，如果没有触发风险指标，税务机关就不能去核查企业；反过来理解就是，如果企业触发了风险指标，那么税务机关就会快速响应。金税四期系统就是按照"去税收管理员"思路设计的。在"管事"的模式下，从检查人员上看，核查时会采取检查人员随机派单的模式，不会像税收管理员制度下那样，税收管理员作为检查人员去核查；从核查的内容上看，核查的内容是很单纯的大数据风险指标，核查结果只有两个，即"确认风险"和"排除风险"。

很多企业的管理者，以及一般会计人员多年来都已经适应了税收管理员制度，什么事都找税收管理员，大数据管税的来临将会颠覆这种制度，企业所有的涉税人员都需要提前做好准备。

1.2　"以数治税"的税务风险管理解析

"以数治税"的概念在近 10 年一直被财税学术圈所提及，一些新鲜的理念也层出不穷，但是在 2021 年，当"以数治税"要真正实施的时候，我们才发现自己对这个概念的理解太浅薄了。"以数治税"顾名思义就是通过大数据进行税收管理，这个看似简单的概念却蕴含了太过复杂的不确定性，因为大数据本身就可以发展出无数种排列组合方式，未来税收风险管理必将在大数据应用的加持下向纵深发展。

1.2.1　大税务风险管理思维

《国家互联网信息办公室 国家税务总局 国家市场监督管理总局印发〈关于进一步规范网络直播营利行为促进行业健康发展的意见〉的通知》（税总所得发〔2022〕25号）第二条的第一款里明确规定，网络直播平台应当每半年向所在地省级网信部门、主管税务机关报送存在网络直播营利行为的网络直播发布者个人身份、直播账号、网络昵称、取酬账户、收入类型及营利情况等信息。

《国家税务总局 自然资源部关于进一步深化信息共享 便利不动产登记和办税的通知》（税总财行发〔2022〕1号）规定了自然资源主管部门应向税务部门推送统一受理的不动产登记申请和办税信息，主要包括权利人、证件号、共有情况、不动产单元号、坐落、面积、交易价格、权利类型、登记类型、登记时间等不动产登记信息，以及办理纳税申报时所需的其他登记信息。

以前我们遇到的具有最多税务风险的就是发票，若发票没问题，一般也就不会有太大的风险。这是我们在"以票管税"的管理模式下形成的一种惯性思维。但是在"以数治税"的大环境下，数据的概念是非常广的。从2022年开始，部分第三方平台及部分政府部门对税务的数据推送已经提上了日程，更多相关部门的数据推送也会陆续地推出，数据管税时代真的来临了。以后税务风险管理已经不再是简简单单的发票"三流合一"的合规设计，更多的是企业对自身涉税数据的合规设计。

"就税论税"的税筹处理显然已经无法确保企业的财税安全，企业需要培养一种大税务风险管理思维，因为与税相关的事项很多。比如卖了土地，契税、城镇土地使用税的纳税义务就发生了；又如股权转让了，个人所得税的纳税义务就发生了；再如与员工签订了劳动合同，社保费缴费义务就发生了……不动产、自然资源、市场监督、银行、公安、社保、劳资、第三方机构等部门的涉税数据对税务的共享将给企业带来严峻的挑战，企业和个人在涉税数据面前将没有隐匿操作的可能。对企业管理者和会计人员来说，培养大税务风险管理思维最低的要求是要知道企业经营中什么数据会导致纳税风险的产生，而税收筹划也要更多地考虑非税务的第三方数据的影响。

1.2.2　由"数"引申出的风险

某采石场，每月实际销售额为 300 万元，80% 的业务不需要开具发票，因此对不开发票的部分没有申报收入。该采石场的主要耗用材料和生产设备较为简单——炸药和粉石机，由于电力部门和炸药供货商都为其开具发票，虽然采石场的会计按照申报的收入匹配了成本，但很多发票没有入账，且发票数据显示采石场取得的成本费用远大于其销售额，这便触发了风险指标。税务机关遂通过公安和电力部门采集到两个数据——购买炸药量和粉石机用电量，发现采石场耗用炸药量和用电量与其销售额严重不符，在数据面前，采石场补缴了税款。

上面这个案例是一个以"数据"说话的典型事例。在大数据管税的背景下，发票电子化是"以数治税"的重要组成部分。金税四期核心的一环就是发票电子数据的全国集中，税务风险反应速度将会大幅提高，企业收到了多少发票、取得了多少成本费用对税务机关来说非常透明。有些要小聪明的会计会采用发票少入账的方式，实现收入、成本、费用的匹配；但是数据不会说谎，隐匿收入的把戏在数据面前没有生存空间，再加之监管部门之间数据的共享和推送，基本上可以实现数据证据链的无缝对接。

1.3　区块链技术在大数据管税中的应用

税与经济的各个方面都是息息相关的，"就税论税"的税务管理模式显然无法适应现在税务发展的需求。多年来，部门间的信息壁垒和个人隐私保护一直是税务大数据管税发展过程中的一只拦路虎，税务部门不是不想解决，而是有心无力，这就是到现在税务部门还需要到银行调取纳税人的交易数据的原因。区块链技术的特点恰恰能够解决这些痛点，因此，它的出现为税务大数据的应用找到了新的发展方向。

1.3.1　金税三期时代信息共享是一道难解题

在金税三期时代，金税三期核心征管软件、电子底账系统、个人所得税系统、社保费系统等子模块实现了各类税务系统内部大数据的融合，这也是当前税务部门在进行税收征管和稽查工作时的主要依据。但是税务部门的检查并不能仅仅依靠税务部门的内部数据，还需要参照其他相关部门及互联网提供的信息、纳税人提供的信息。对于这两种信息，税务部门获取起来则较为困难，并且就算获取了相关信息，其真实性、可靠性也有待查证。这也是征管效率低下的根本原因。

大数据时代的核心特点之一便是数据的共享，税务部门获取第三方信息的另外一个壁垒就是个人隐私保护问题。大数据共享是需要在保证用户数据可用的情况下，高效、可靠地删除或加密可能泄露用户隐私的内容或者在征得用户同意后获得其隐私信息。如今哪怕是税务部门内部的个人所得税系统，对个人隐私的保护也是极其严格的，并非每个人都有操作权限，更何况是涉及第三方的信息共享。

1.3.2　区块链技术将大大加快税务大数据管税进程

区块链作为当前新兴的信息技术，其优势和特征为税务部门获取第三方信息提供了有效的技术支撑。第一，区块链技术为当前的涉税信息共享提供了新途径，运用大数据下的区块链技术，税务部门可以通过接口查询自己需要的公开信息，其信息的高透明度有效地打破了信息共享的壁垒，实现了涉税信息的共享化。第二，税务部门利用区块链技术，可以将涉税企业的所有交易信息在区块中存储下来，且不能修改其中的数据，系统中信息的真实性得到了极大的提升。由于区块链是一种去中心、去媒介的信息技术，且系统中的涉税信息都是真实有效的，所以税务可以减少甚至省略后期的纳税稽查工作，有效地提高征收效率。

区块链将会是税务征管在不久的将来重点使用的大数据应用手段，如果区块链技术在税务大范围应用，那么云发票、云账簿会成为现实，企业财务对接税务端口、接受税务监管将会是一个大趋势，企业各方面的涉税信息对税务监管必将是透明的，纳税人需要做好准备。

1.4　大数据管税背景下，税务管理方式的转变

较之以前的"以票管税"，大数据管税对税务管理方式来说是革命性的变化。海量的数据经过加工以后，对税务部门来说，获取数据更方便、更直接，风险识别会更加轻松，以较少的人力应对大量的风险将不再是难题。对于企业来说，了解税务管理方式转变的方向，从而培养一种让数据"健康"、将数据"脱敏"的能力，在当下显得尤为重要。

1.4.1　分级分类管理的质变

现在税务部门按照税源对企业实行分级分类管理，其实质为将有限的征管力量放到征管难度大、风险高、管理效益潜力大的方面。在大数据管税的背景下，大数据是不存在征管力量有限问题的，数据具备无限的可能性，那么税务管理方式的第一个变化就会出现在分级分类管理上。分级分类将会是"信用 + 风险"的管理模式，分高、中、低风险开展风险管理，如果触发了高风险指标，系统就会采取措施及时止损。

2021 年 12 月 1 日，国家税务总局在上海、广东（不含深圳）、内蒙古开展全面数字化电子发票试点工作，试点中一个颠覆性的变革就是无须申领发票，取消发票票面限额，通过"授信制"赋予纳税人开票金额总额度，这

个总额度会根据纳税人的风险评级、纳税信用级别等因素动态调整。

这个变化不可谓不大，是我国在大数据管税方面迈出的有历史意义的一步，以后类似的大数据税务管理方式会逐渐登上舞台。

1.4.2　大数据共享带来的风险无处不在

之前我们讲过，部门间、与第三方之间的信息壁垒造成了税务机关无法及时获取第三方信息。在大数据管税的背景下，数据实现对税务机关的无障碍推送，税务机关的反应速度会加快。

以金融信息为例，公对私、私对私转款达到一定数额，人民银行会触发大额交易监控。现在税务机关还无法实时取得该信息，但是在大数据共享后，税务机关会实时接到预警，从而触发风险应对。比如一个企业长期开具人力资源差额征税票，但是从人社部门共享的信息来看，这个企业根本没有该项从业资质，那么虚开风险就会被触发。又如一个企业购买了一片土地，在自然资源部门录入土地出让合同后，企业在征税期内没有申报契税和城镇土地使用税，税务机关获取合同信息后企业就会主动应对风险……诸如此类的风险将会给企业日常的财税管理带来极大的挑战。

1.5　大数据管税下的纳税服务与税务执法的关系

2016 年"营改增"试点全面推开以来，税务工作的开展似乎都在围绕着纳税服务进行，而税收执法似乎没什么存在感。我们渐渐发现在大家的潜意识里，那种"纳税人就是上帝"的优越感已经油然而生。但是我们也忽略了其另外一面——如果税收违法了，"上帝"也会跌落"神坛"。在大数据管税下，不要沉迷在纳税服务带来的优越感下，因为若违法了，税收执法会无处不在。

1.5.1　优质的纳税服务让纳税人陷入能力迷失的怪圈

说到纳税服务，很多企业并不陌生。自 2008 年国家税务总局成立纳税服务司以来，这些年我国税务机关在服务上下足了功夫，推出了一系列服务措施，如优惠事项"以报代备"、取消证明事项、发票即时办结、注销即时办结等，企业在纳税服务大踏步的前进中有极大的"获得感"。正是由于良好的服务氛围，很多企业纳税人已经适应了税务机关"保姆式"的服务，仿佛税务机关就是为企业服务的，自身的风险意识开始减弱。

纳税服务从理论上讲，其本质应该建立在纳税遵从的基础上，也就是纳税要先守税法，才能享受税务机关的服务；税务执法从理论上说，其本质应建立在纳税违法的基础上，也就是若企业不违法，税务机关就不能对其执法。这 10 多年，我国税务的发展可以说是纳税服务快速发展的 10 年，但是税务执法水平前进的步伐似乎落后于纳税服务的发展，服务与执法一直没有找到一个平衡点，这就造成很多纳税人纳税意识淡薄。

1.5.2　大数据时代服务与执法的边界

在大数据管税的背景下，基于数据的高效应用，服务与执法的平衡点将会越来越明晰。纳税服务近几年的发展越来越依赖数据分析，税务机关根据数据可以为纳税人画像，事前向纳税人推送政策、服务等信息。税务机关可以提前告诉纳税人能够合法地享受什么优惠、怎样合法纳税，还会提示纳税人一些较低的风险点，比如该申报了。纳税服务在数据的加持下必然会回归其本质——促进纳税遵从，而不是为了办成业务而服务。税收执法在大数据的支持下，会形成一个模式化的风险体系，税收风险指标的确认和排除将会是税收执法的重点，而且大部分税收风险指标可能不用查账，通过数据就可以确认。纳税人要在这场变革来临之前转变自己的思维方式，以应对服务和执法的转变。

1.6　企业如何在大数据管税的大环境下转变思维

多年来，税务机关围绕着发票做风险管理，企业同样也围绕着发票做筹划。税企的博弈中离不开一个"票"字，而大数据管税的大环境下，税务机关将围绕一个纳税主体每天产生的数据进行管理，这种变化将会让我们的惯性思维受到猛烈的冲击，培养数据思维已经成为当下亟须做的事情。

1.6.1　大数据管税后的税务监管涉及哪些方面

税务部门近年来的"征、管、查"均围绕"以票管税"开展，尤其针对虚开发票的企业的打击力度持续加大。自 2021 年以来，以金税四期为代表的"以数治税"体系建设提上日程，大数据应用开始取得一些突破，在虚开确认环节，税务部门与银行、公安、海关等部门的数据交换力度逐年加大。

在大数据管税下，税务监管更加严格是肯定的，且不仅是税务方面，非税业务也会纳入监管，业务监控将更加全面。税务监管方面的变化会涉及企业生命全周期的各个方面。比如银行流水长期小于申报收入，从业人员申报数量与缴纳社保费人员数量差异大、股权变更后未申报个税、财产登记与申报数据不一致等，变化覆盖面非常广。

1.6.2　纳税意识提升再也不是很远的事

我们都知道，在美国、日本、韩国、澳大利亚、欧洲一些国家纳税人一旦在纳税上违法，他们很可能会倾家荡产，因此国民纳税意识极高。多年以来，因为我国税收立法滞后，执法缺乏刚性，不少企业的管理者、财务人员养成了一个非常不好的思维模式：事前不管，事后救急，生逃硬偷，关系摆平，也就是形成了我们所说的"人情税"。在大数据管税时代，数据没有人情可讲。税收法定将进入发展快车道，我国的税务执法刚性和精准性将会逐步提高。

1.6.3　进入大数据时代，税务思维应如何转变

1. 做好顶层设计是税务思维转变的关键

"火车跑得快，全靠车头带"，作为企业的大脑，企业管理者首先要转变思维，不但要讲收益，还要看风险，不局限于眼前，而且看长远发展。企业的采购环节、运营环节、销售环节，包括资金运作的投资、筹资、融资等环节都会产生税务风险。财务和税务是由业务来驱动的，仅仅靠财税人员去管控税务风险，显然是不可行的。企业管理者不一定要精通，但是一定要了解基本的税务知识，做好顶层设计，提升各部门的税务风险意识，强化部门间的税务协作意识。

2. 正确理解合理避税的概念

合理避税实际是在依法、依规的前提下，对业务流程进行再造，充分利用税收优惠等工具，减少企业税务支出。这里的税收优惠是指税务部门公开发布的，大家要注意，政府返税不是税收优惠，核定征收也不是税收优惠。业务流程再造的关键在于四个字"贵在真实"。比如很多企业一套人马，多个牌子，利用小规模纳税人身份进行税率差筹划，那么只负责走票的"僵尸"企业就会被核查。合规、合法、真实在税务筹划当中是弥足珍贵的，一定要树立一个正确的税务筹划观。

3. 财税人员要具备全局思维

企业财税人员作为企业直接的参与者，在大数据管税时代需要提升自身专业素质，把握财务会计与税法规定之间的差异，做到正确纳税；密切与税务机关沟通，提前做好相应的准备工作，预防风险性问题的发生；了解最新的税务政策，培育自己的法治思维，懂税法，懂税收。

企业是一个整体的存在，大数据时代的税务风险对企业来说无处不在，"不谋万世者，不足以谋一时；不谋全局者，不足以谋一域"，这就需要财税人员跳出只负责财税的圈子，培养自己的全局思维，了解与税相关的业务环节，了解与税相关的政策规定，更加全面考虑问题。

第 2 章
不同的纳税主体

　　初创企业一般组织结构较简单，财务核算较粗放，纳税意识较薄弱，因此也就谈不上财税风险管理和筹划。确实由于初创企业规模小，且分散，税务机关在精力有限的情况下对其关注很少，很多不规范的纳税行为似乎也没给企业造成经营风险，但当下金税四期体系不断完善，税务机关会利用大数据进行监管，也就有了足够的精力来应对几乎所有的不合规行为。在创业初期，初创企业就应该打好税务合规的基础，不要轻易给自己埋下隐患。下面我们就来谈一谈企业在初创阶段可以合理、合法进行财税筹划的地方。

2.1 初创企业需要做哪些财税筹划

万事开头难，虽然初创企业在成立之初千头万绪，但理出财税筹划的头绪其实并不难，无外乎围绕三个方面展开：一是用什么组织形式经营，即确定企业的组织形式；二是明确做什么业务、在哪成立、如何出资；三是确定怎么做业务，设计业务流程的筹划。抓住这三个方面，做好初创期规划，最起码可以不用担心走弯路，避免不计后果地开展业务为日后留下隐患，也能在合理、合法的情况下有意识地减轻税负。

2.1.1 如何确定组织形式

企业常见的组织形式有股份有限公司、有限责任公司、个人独资企业、合伙企业。按企业之间的相互关系，组织形式有分公司和子公司；按照规模大小，组织形式有小规模企业和一般企业。

1. 企业组织形式选择上的基本筹划思路

从经营规模及发票便利度上进行选择，如果业务规模较小，比如小餐饮店、小便利店、小修理店，下游以自然人为主，上游较为分散，那么选择个人独资企业和合伙企业比较好；如果下游是企业、政府，上游进货渠道相对集中，那么选择成立公司比较有利。企业组织形式的选择还需要考虑税负因素，后续将详细分析。

2. 成立分公司还是子公司上的筹划思路

成立分公司还是子公司，要考虑的第一个因素是企业亏损弥补的问题。总、分公司之间，目前我国实行汇总纳税模式，总、分公司是可以相互弥补亏损的；母、子公司之间的亏损则无法相互弥补。企业在初创阶段，销售规模较小，成本费用较大，那么在这种情况下成立分公司实现亏损集中弥补比较好。下面我们来看一个案例。

某企业由于业务拓展需要，需要在 10 个一线城市新成立 20 家企业，预计企业在该年度盈利可达 1 000 万元，20 家新成立的企业由于初始投资较大，年度累计亏损将达 1 200 万元。

若成立分公司，总、分公司汇总纳税。

企业所得税应纳税所得额 =1 000-1 200=-200（万元），由于亏损企业不需要缴纳企业所得税，产生的 200 万元亏损可结转以后 5 个纳税年度弥补。

若成立子公司，母、子公司分别纳税。

母公司应纳企业所得税 =1 000×25%=250（万元）

子公司亏损 1 200 万元，不需要缴纳企业所得税，亏损可结转以后 5 个纳税年度弥补。

企业在初创期，分公司形式可以为企业整体节省资金流 250 万元，显然注册为分公司更有利。这里需要注意的是，分公司有着汇总纳税的天然优势，同时也有劣势，即分支机构如果不选择汇总纳税，独立核算无法享受小型微利企业优惠，在财税筹划时要充分考虑这一因素。当企业盈利规模进一步扩大时，子公司普遍实现盈利，此时需筹划分公司转为子公司。

3. 企业规模选择上的筹划思路

税法上其实是有很多优惠政策值得好好利用的，如小型微利企业的"533"认定标准（资产总额 5 000 万元及以下，从业人数 300 人及以下，应纳税所得额 300 万元及以下），小型微利企业应纳税所得额 100 万元及以下的，实际税负率为 2.5%，100 万～300 万元（包含）的，实际税负率为 5%。这对于很多跨区域经营、连锁经营的企业都有重要的筹划意义，如果分支机构的盈利面很广，则可以向小型微利企业靠近。方法也很简单，就是将每家分支机构都注册为独立的小规模子公司，如此一来整体税负率便可下降。我们来看一个案例。

某全国餐饮连锁公司全年税前利润为 1 亿元，按总部纳税的企业所得税税率为 25%，即需纳税 2 500 万元。

经集团筹划，由于单家门店税前利润均在 100 万元至 300 万元，于是集团将下属的每家门店都注册为符合小型微利企业条件的子公司，整体税负率下降至 5%，即只需纳税 500 万元，节税 2 000 万元。

2.1.2　如何明确做什么业务、在哪成立、如何出资

1. 在业务涉及的税收优惠上做好前期工作

企业通常在成立之前就已经想好了做什么业务。在财税筹划上，企业可以提前了解自己做的业务在产业上是否有税收优惠政策（包含财政奖励），企业在成立之初就可进行相应的规划，将部分业务提前组合好，比如对软件开发部分，专门注册并申请为一家软件企业。

某企业是一家初创的软件公司，手中有 5 个软件著作权，按照相关规定可被认定为软件企业，那么认定为软件企业有什么好处呢？

首先增值税享受实际税负率超过 3% 的部分即征即退的政策；其次退税款用于软件研发和扩大再生产的，企业所得税上可以作为不征税收入；再次企业可以减按 15% 的税率缴纳企业所得税；最后当地政府也可能有对软件企业的扶持政策，比如免房租。

税收优惠是财税筹划的一个重要工具，一定要充分利用好。

2. 在什么地方成立需要慎重考虑

在什么地方成立通常不算什么问题，因为初创企业通常会本能地选择所在地。不过很多地方政府为了招商引资，制定了很多的财政返还政策，比如税收的地方留存部分返还企业，或者对企业实行一个较低的核定征收比例，这也是现在市面上 80% 以上企业采用的财税筹划方式。这些政策主要来自地方财政，与税务没有多大关系。财政返还这种方式，企业在条件具备的情况下也可以利用，不过地方政府的这些优惠政策通常并不能保障连续性，特别是当财政返还规模足够大时，往往比较难执行，新疆的霍尔果斯就是最好的例子。

2018 年霍尔果斯大力度的税收优惠吸引来的影视公司，不仅未带动当

地经济快速增长，反而借优惠政策转移大量盈利，使得霍尔果斯税收流失严重。当地税务部门的统计显示，每年至少有 200 家企业向在霍尔果斯注册的子公司转移 2 000 万元以上利润。

在业务真实、经营真实的情况下，选择有财政返还政策的地方经营确实是一个好的筹划手段，但是一定要尽可能避免采用为了财政返还选择地点的空头经营方式。

3. 在出资方式的选择上要把涉税风险想到前面

出资方式如果为现金出资，税务上就很好处理了，投资者将资本金存入被投资企业，按照资金账簿缴纳印花税就可以了。如果采用非货币性资产出资，那么相对应的涉税处理就会比较复杂，在风险防范上要多下功夫。我们来看一个真实的案例。

2015 年，A 有限责任公司出资设立 B 有限责任公司，以实物资产作价 3 186 060 元（含税）投资入股。同时，C 有限责任公司以生物资产作价 2 182 900 元（含税）投资入股；D 有限责任公司以生物资产作价 5 536 300 元（含税）、以实物资产作价 19 000 800 元（含税）投资入股。2015 年 7 月，A、C、D 三家公司将持有的 B 有限责任公司的股权转让给 × 股份有限公司。

某稽查局对 A、C、D 三家公司进行税务检查之后，发现上述三家公司用土地使用权及建筑物、生物性资产出资设立 B 有限责任公司，并将 B 有限责任公司股权转让给 × 股份有限公司时，少缴纳增值税及附加税、印花税和企业所得税等。其中：2015 年以非货币性资产投资入股，未申报缴纳增值税，追缴相应的增值税、城市维护建设税、教育费附加和地方教育附加。2015 年 7 月签订股权转让协议未申报缴纳印花税，追缴相应的印花税。2015 年度未申报应纳税所得，追缴相应的企业所得税。同时加征相应的滞纳金。

初创企业由于财税体系不一定成熟，所以一定要了解以非货币性资产出资通常涉及企业所得税、增值税、印花税的缴纳，如果涉及以土地和房屋等不动产出资，可能还会涉及土地增值税。涉案的三家企业在以非货币资产性出资设立企业的过程中，缺乏税务合规的意识，没有对这些税种进行纳税申报，进而被税务稽查，追缴税款并加征滞纳金。

2.1.3　怎么做业务，设计业务流程的筹划

怎么做好业务，设计好业务流程，对初创企业来说其实就是在财务上要做好进销的筹划。

1. 在"进"的环节要做好流程设计

初创企业，在成立之初，进项发票不足、不正规是一个普遍性的问题，从而造成初期增值税税负率偏高，企业所得税虚高。这种情况要想解决，需从以下三方面入手。

一是规范采购和报销流程，改进商务合作思路和内部管理流程，应取得发票的一定要取得发票，如果企业是一般纳税人，在采购环节应取得专票的一定要取得专票，以免造成增值税不能抵扣、成本费用不能扣除。

二是根据企业的业务实施采购外包。这种方式适用于上游大部分为小规模纳税人或自然人的服务型行业，因为初创期企业的人员、资金、精力本身就比较紧张，再加上上游过于分散，素质较低不好管理，风险不好把控，进项发票取得比较困难，所以可以考虑把采购业务外包给有能力的公司，由其提供进项发票。目前市场上比较常见的集群注册和灵活用工其实解决的就是这个问题。

三是利用委托加工，增加进项税。对于劳动密集型企业，较大的问题就是人工成本等不能抵扣，而如果利用委托加工，让加工厂自行购料并按企业要求生产后再卖给企业，进项问题就可以解决了。对于初创企业，很多时候自产不一定比找一个成熟的企业进行委托加工成本低。

2. 在销售环节要注意收入确认和业务模式选择

一是充分利用收入确认时间进行筹划。现在市场上赊销行为比较普遍，销售合同签订的方式不同，纳税义务发生时间也会有变化。如果赊销签订的是预付款合同，纳税义务就发生在货物发出当天；如果签订的是分期付款合

同，那么就可以按照合同约定分期确认收入。分期付款合同相对于预付款合同，是能够延迟纳税的，纳税总额虽然没有变化，但是延迟缴纳的税款却能赢得资金使用时间。

二是对核心业务进行剥离，拆分成立一家新公司。常见的就是酒厂、烟厂将销售业务剥离出去成立单独的销售公司。我们来看一下下面的案例。

按税法规定，企业的业务招待费，超过当年销售收入 0.5% 的部分不得税前扣除。

假设某企业当年销售收入为 1 亿元，销售佣金为 800 万元，按税法规定，销售佣金是有扣除限额的，不允许扣除的销售佣金 =800−10000×5%=300（万元），需要纳税调增企业税前利润。

但如果将销售业务剥离出去成立销售公司，企业以 9 000 万元将商品销售给销售公司，销售公司以 1 亿元再销售给客户，则销售佣金由两家各承担 400 万元，这种情况下，企业的销售佣金扣除限额 =9 000×5%=450（万元），销售公司的销售佣金扣除限额 =10 000×5%=500（万元），两项合计纳税调整额由原来的 300 万元减少至 0。

相应可以节省企业所得税 75（300×25%）万元。

同样的情况，也适用于那些有其他扣除限额的项目，或者物流费特别高的企业，成立专门的公司后，取得的进项税发票可以抵扣，扣除限额也能够增大计算基数，实现合法节税。

2.2　个体工商户、个人独资企业、合伙企业、有限公司在纳税方面的差别

从法律风险来看，有限公司的投资人仅就投入企业的财产承担责任，不影响投资人的个人财产。相比之下，个人独资企业、合伙企业和个体工商户都要承担无限责任，个人必须承担无限连带责任。这几种组织形式的法律风险的差异如此大，在纳税方面又存在怎样的差异呢？

2.2.1 税款缴纳方面的差异

从增值税及附加税方面来看，增值税和附加税并不区分纳税人的组织形式，也就是说只要发生了增值税的应税行为，那么就必须缴纳增值税，只是有税率的区别，比如作为小规模纳税人的个体工商户，出租住房可以享受5%减按1.5%计算增值税。

从房产税、城镇土地使用税、土地增值税、印花税、环境保护税等财产税和行为税方面来看，这些税种都是针对是否持有财产、是否发生纳税行为去征收的，纳税人的组织形式不同，不影响这些税款的缴纳。

再看文化事业建设费这种地方性收费。广告业的文化事业建设费，个体工商户是不需要缴纳的。

组织形式的不同，在税款缴纳方面差别最大的是所得税。个人独资企业、合伙企业、个体工商户都是按照经营所得缴纳个人所得税（合伙人为法人，不缴纳个人所得税），适用5%~35%的超额累进税率，具体税率如表2.1所示。

表 2.1　个人所得税税率表（经营所得适用）

级数	全年应纳税所得额	税率（%）
1	不超过 30 000 元的	5
2	超过 30 000 元至 90 000 元的部分	10
3	超过 90 000 元至 300 000 元的部分	20
4	超过 300 000 元至 500 000 元的部分	30
5	超过 500 000 元的部分	35

有限公司缴纳企业所得税，法定税率是25%，如果符合小型微利企业条件，法定税率是20%，同时还可以享受各种税收优惠。如果要给个人股东分红，需要按照"股息、红利所得"缴纳20%的个人所得税。

2.2.2 不同组织形式的税负比较

对于几种不同形式的税负比较，我们先通过一个案例来看看有限公司和合伙企业的税负区别。

自然人 A 与 B 投资设立了投资咨询公司，A 占股 60%，B 占股 40%。2021 年公司实现税前利润总额 200 万元，2022 年 A 与 B 计划将实现的盈利进行分配。

（1）投资咨询公司的注册类型为有限公司时的纳税情况。

投资咨询公司应缴纳企业所得税 =100×2.5%+100×5%=7.5（万元）

投资咨询公司税后净利润 =192.5（万元）

税后净利润进行分配应纳个人所得税 =（200-7.5）×20%=38.5（万元）

合计应纳税 46 万元，税后收益为 154 万元。

假设投资咨询公司的税前利润总额为 500 万元。

投资咨询公司应缴纳企业所得税 =500×25%=125（万元）

税后净利润进行分配应纳个人所得税 =（500-125）×20%=75（万元）

合计应纳税 200 万元，税后收益为 300 万元。

（2）**投资咨询公司的注册类型为合伙企业时的纳税情况。**

A 应缴纳个人所得税 =200×60%×35%-6.55=35.45（万元）

B 应缴纳个人所得税 =200×40%×35%-6.55=21.45（万元）

A 和 B 合计应纳税 56.9 万元。

假设投资咨询公司的税前利润总额为 500 万元。

A 应缴纳个人所得税 =500×60%×35%-6.55=98.45（万元）

B 应缴纳个人所得税 =500×40%×35%-6.55=63.45（万元）

A 和 B 合计应纳税 161.9 万元。

（3）**假设只有 A 一个人投资成立了个人独资企业或个体工商户。**

A 应缴纳个人所得税 =200×35%-6.55=63.45（万元）

假设该个人独资企业或个体工商户的税前利润总额为 500 万元。

A 应缴纳个人所得税 =500×35%-6.55=168.45（万元）

通过以上对不同企业类型、税率差异、纳税形式的分析，我们不难发现，有限公司按企业纳税，在充分享受税收优惠的条件下，特别是在享受小型微利企业税收优惠的条件下，其税负是相对较轻的。反之，有限公司在没有任何税收优惠的情况下，收入较高时其整体税负要重于其他组织形式。

合伙企业较个人独资企业、个体工商户有分散收入的特点，合伙人增加的时候，每个投资者的所得越少，适用的税率也就越低，增加合伙人就等于减轻税负。

个人独资企业、个体工商户只能有一个经营者，那么利润越大，缴纳的税款就越多。但是当利润较低时，由于有个人所得税减半再减半征收的政策，在利润低于 100 万元时，有较大的税负优势。

2.3　如何选择一般纳税人和小规模纳税人

众所周知，增值税纳税人分为小规模纳税人和一般纳税人，对于新成立的企业，选择按照小规模纳税人纳税还是一般纳税人纳税，似乎一直是一个难题，也没有一个标准的答案。那么下面我们就一起来分析一下如何选择纳税身份。

2.3.1　与小规模纳税人相关的容易混淆的概念

（1）年销售额中的"年"不是自然年。小规模纳税人是指年增值税应税销售额不超过 500 万元的增值税纳税人，这里的"年"指的是连续不超过12 个月或 4 个季度，也就是说"年"不是自然年的概念，而是一个滚动计算的指标。

（2）小规模纳税人不等于小型微利企业。小规模纳税人是增值税的相关概念，判定标准是增值税年销售额，而小型微利企业是企业所得税的相关概念，判定标准是资产总额、从业人数、应纳税所得额和是否从事国家非限制、禁止行业，两者并没有什么必然联系。小规模纳税人在资产总额、从业人数、应纳税所得额中任意一项指标超过标准后可以是一般企业，小型微利企业如果增值税年销售额高于 500 万元可以是一般纳税人。

（3）组织形式对是否按小规模纳税人纳税没有影响。很多人一谈到个体工商户就想到小规模纳税人，一谈到企业就想到一般纳税人，这种观念是不对的。除了年应税销售额超过小规模纳税人的其他个人（自然人），非企业性单位、不经常发生应税行为的企业，酒店业和饮食业纳税人销售非现场消费的食品这 3 种情形以外，任何组织形式只要年销售额超过 500 万元就应被认定为一般纳税人。

（4）年销售额在 500 万元以下不一定是小规模纳税人。年销售额未超过规定的一般纳税人标准，但会计核算健全、能够提供准确税务资料的小规模纳税人可以向主管税务机关办理一般纳税人登记。

2.3.2　小规模纳税人与一般纳税人的差异

1. 计税方法和税率不同

（1）一般纳税人一般计税适用税率根据行业不同分为 13%、9%、6%、0%，简易计税征收率为 5% 和 3%。

一般计税应纳税额 =（销项税额 − 进项税额）× 税率

简易计税应纳税额 = 当期不含税销售额 × 征收率

（2）小规模纳税人实行简易计税，法定征收率根据行业不同分为 3%、5%。

应纳税额 = 当期不含税销售额 × 征收率

2. 申报周期不同

一般纳税人一般按月申报纳税，小规模纳税人一般按季度申报纳税。

3. 发票使用不同

一般纳税人不可以代开发票，专用发票和普通发票需自行开具。小规模纳税人开具普通发票的情况比较多，也可以向税务机关申请代开专用发票或自行开具专用发票。

4. 起征点不同

小规模纳税人有起征点的规定，低于起征点的可享受小型微利企业免征增值税优惠。一般纳税人没有起征点的规定，只要发生销售就产生纳税义务。

2.3.3 新设立企业如何选择类型？

企业首先应根据自己的业务范围确定主营业务，清楚业务适用税率。然后对发生的成本和费用进行测算，根据税负来选择作为一般纳税人还是小规模纳税人。我们可以利用税负平衡点公式计算的结果来参考。

税负平衡点：增值率＝征收率×（1＋税率）/（税率－征收率）。

一个销售额为 200 万元的企业，适用税率为 13%，征收率为 3%，代入上述公式。

增值率 =3%×（1+13%）/（13%–3%）=33.9%

由此可见，增值率（进销差）大于 33.9% 时，选择小规模纳税人的税负率更低，增值率小于 33.9% 时，选择一般纳税人的税负率更低。

企业在实务当中遇到的情况是多种多样的，需要考虑的因素也较多，一般来说还应考虑以下两个方面。

（1）与客户类型挂钩。如果企业的大部分客户是一般纳税人，同等价格下，其需要足够的增值税专用发票做进项抵扣，在这种情况下哪怕企业的年销售额不到 500 万元，一般情况下客户也会要求企业开出一般纳税人适用税率的专用发票，这时企业必须得选择认定为一般纳税人，毕竟不能因为一味地追求低税负率而影响企业销售。如果企业的大部分客户是政府部门、事业单位、自然人，其不需要抵扣进项税，只需开具普通发票，则可以选择认定为小规模纳税人。

（2）企业资产类型。如果企业是重资产企业，前期需要购买大量的机器设备、不动产，一般应选择认定为一般纳税人，因为前期的重资产投入可以获得大量的进项发票进行抵扣，如果形成大量留抵，还可以享受增值税留抵退税政策；如果企业是轻资产企业，主要投入是人工和简单的办公设备，在业务量不大的情况下，可以选择认定为小规模纳税人，从而享受较低的税负。

除了这些，我们还需注意的一点是，除过渡期外，企业被认定为一般纳税人后不可以再转为小规模纳税人，所以选择身份一般来说只有一次机会。

2.4　认缴登记制的财税风险

从 2014 年公司法修订后，公司注册资本实缴登记制已改为认缴登记制。取消法定注册资本制度之后，出现了大量的"亿万富翁"，同时也出现了很多的"侏儒企业"。那么注册资本是高点好还是低点好呢？认缴登记制下的注册资本可以说是初创企业遇到的第一个财税名词，也是初创企业与财税关联的第一个事项，也可能是创业者遇到的第一个坑，看似简单，实际却可能非常复杂，初创企业需要提升意识去防范法律风险及税务风险。

2.4.1　"吹牛"是要付出代价的

在认缴登记制下，股东以认缴的注册资本为限对公司承担责任。这就意味着，认缴的出资额大小，决定了股东对外承担责任的大小。股东认缴公司 100% 出资，在公司注册资本分别为 20 万元、200 万元、2 000 万元和 2 亿元时，股东则需分别以 20 万元、200 万元、2 000 万元和 2 亿元为限度对外承担责任，20 万元和 2 亿元的有限责任，可谓天差地别，一旦出现事故纠纷，高额的注册资本很有可能让股东负债累累、倾家荡产。

在实务当中，有些企业会遇到这样的情况。一个注册资本为 100 万元的企业参加招标，但是要求投标企业的注册资本必须在 1 000 万元以上，在企业自然人股东不想增加注册资本的情况下，这个问题应该怎么解决呢？

企业在初创期，可以采用以下方法筹划。

（1）先设立注册资本为 100 万元的母公司，该母公司以认缴方式投资成立注册资本为 1 000 万元的子公司，持股比例为 100%。

（2）将该子公司运作成熟，有这一类的招标时让子公司去承接业务。

这种方式可以有效地将母公司的自然人股东隔离出来，母公司作为法人对子公司承担 1 000 万元的有限责任，即便有朝一日发生了纠纷，母公司的自然人股东也仅需对母公司 100 万元的注册资本承担责任。

2.4.2　认缴登记制下的财税风险——股权转让

当下，无偿转让未实缴部分股权的情况十分常见，但是这样做真的合理吗？我们来看一下税法是怎么规定的。

《股权转让所得个人所得税管理办法（试行）》（国家税务总局公告 2014 年第 67 号）第十二条规定了视为股权转让收入明显偏低的情况，申报的股权转让收入低于股权对应的净资产份额的，属于转让价格偏低。第十四条明确规定了主管税务机关针对股权转让收入按照每股净资产或股权对应的净资产份额，可按照净资产核定法核定股权转让收入，计算公式为：核定股权收入 = 净资产总额（资产负债表中所有者权益合计）× 股权转让比例。下面让我们用案例来解析一下此类风险。

A 企业注册资本为 1 000 万元，截至 2021 年 12 月 31 日，A 企业实收资本为 200 万元，未分配利润为 −150 万元，A 企业自然人股东甲认缴出资额为 500 万元，未实际出资，2022 年以 0 元将其 500 万元认缴股权转让给与其无任何关联的自然人乙，甲按照 0 元转让价格申报个人所得税，因其股权转让收入低于股权对应的净资产份额，税务机关遂对其按照净资产核定法核定其股权转让收入，并让其缴纳个人所得税 10 ［（200−150）×20%］万元。

上例其他条件不变，假设 A 企业未分配利润为 −210 万元，则企业净资产总额 =200−210=−10（万元），净资产总额为负数，那么甲的 0 元转让股权就是合情合理的，不需要缴纳个人所得税。

2.4.3　认缴登记制下利息扣除的财税风险

向金融机构和非金融机构贷款融资是企业在经营中经常发生的行为，如果没有实缴注册资本，在财税方面是否存在风险？我们还是看看税法的规定。

《国家税务总局关于企业投资者投资未到位而发生的利息支出企业所得税前扣除问题的批复》（国税函〔2009〕312号）明确规定，凡企业投资者在规定期限内未缴足其应缴资本额的，该企业对外借款所发生的利息，相当于投资者实缴资本额与在规定期限内应缴资本额的差额应计付的利息，其不属于企业合理的支出，应由企业投资者负担，不得在计算企业应纳税所得额时扣除。企业每一计算期不得扣除的借款利息＝该期间借款利息额×该期间未缴足注册资本额÷该期间借款额。我们来看看下面这个案例。

甲企业注册资本为1 000万元，实缴300万元，2021年1月向银行借款900万元，借款利率为8%。企业在年度企业所得税汇算清缴时将利息费用全部进行扣除，由于其资产负债体现实收资本为300万元，被税务机关通过大数据分析筛查出来，要求调增不得扣除的借款利息＝900×8%×（1 000－300）÷900＝56（万元），因而补缴企业所得税＝56×25%＝14（万元）。

2.5　涉税人员的警钟——关联非正常纳税人、D级纳税人、失信违法黑名单

社会上常有一种说法，税法是有追征期限的，就算违法了，在五年内没被发现一般就不会被追征了，这种说法对不对呢？我们来看看税法的规定。《国家税务总局关于欠税追缴期限有关问题的批复》（国税函〔2005〕813号）里面明确答复，按照《中华人民共和国税收征收管理法》（以下简称《税收征管法》）和其他税收法律、法规的规定，纳税人有依法缴纳税款的义务。纳税人欠缴税款的，税务机关应当依法追征，直至收缴入库，任何单位和个人不得豁免。税务机关追缴税款没有追征期的限制。

《税收征管法》第52条有关追征期限的规定，是指因税务机关或纳税人的责任造成未缴或少缴税款在一定期限内未发现的，超过此期限不再追征。纳税人已申报或税务机关已查处的欠缴税款，税务机关不受该条追征期规定的限制，应当依法无限期追缴税款。相信看了这条规定，我们心里对税法追征期限应该有数了，所谓的追征期限是针对无意行为的，不包含有意行为。正是因为很多企业对税款追征抱有侥幸心理，许多涉税人员因为企业违法变成了关联非正常纳税人、D级纳税人，上了失信违法黑名单。下面我们就来看看，这些情况对涉税人员有什么影响。

2.5.1 认定为非正常户对法定代表人和财务负责人有什么影响

在信用等级方面，有非正常户记录或者由非正常户直接责任人员注册登记或者负责经营的企业，纳税信用级别直接判为D级。

在新办企业信息确认环节，对非正常户纳税人的法定代表人或经营者申报办理新的税务登记的，税务机关核发临时税务登记证及副本，限量供应发票。税务机关发现纳税人的法定代表人或经营者在异地为非正常户的法定代表人或经营者的，应通知其回原税务机关办理相关涉税事宜，纳税人的法定代表人或经营者在原税务机关办结相关涉税事宜后，方可申报转办正式的税务登记。也就是说新办营业执照的法定代表人和财务负责人如果关联了非正常户，必须处理好非正常事项，否则正式的税务登记无法办理。

在发票领用环节，对法定代表人或财务负责人曾任非正常户的法定代表人或财务负责人的纳税人，主管税务机关可以严格控制其增值税专用发票发放数量及最高开票限额。

2.5.2 被评判为D级纳税人对涉税人员有什么影响

我们先通过一个案例来看看D级纳税人对涉税人员的影响。

张老板从一家咨询公司跳槽，从零开始创业，经过一年的努力，如今已是10多个员工的老板，企业经营状况也不错。最近，他遇上了一件烦心事，前两天收到消息得知自己的公司被评为 D 级纳税人，但是他很清楚公司一直都是诚信经营的，每月都按时申报纳税，发票也如实开具，经过向税务局咨询，这才得知是自己之前就职的公司出了问题，张老板是之前就职公司的法定代表人，离职后出于对老东家的信任，也没有及时更换，老东家由于税收违法被评判为 D 级纳税人，张老板身为法定代表人自然牵扯其中，自己的咨询公司也被关联为 D 级纳税人。自从被评为 D 级纳税人，张老板的咨询公司就摊上了不少麻烦，不仅发票的领用受到限制，就连一直合作的客户都对他产生怀疑，张老板直言："被评成 D 级纳税人，我简直连生意都做不下去了。"

按照国家税务总局《纳税信用管理办法（试行）》的规定，税务机关可以根据社会信用体系建设需要，逐步公开 D 级纳税人及其直接责任人员名单，对直接责任人员注册登记或者负责经营的其他纳税人纳税信用直接判为 D 级；将纳税信用评价结果通报相关部门，建议在经营、投融资、取得政府供应土地、进出口、出入境、注册新公司、工程招投标、政府采购、获得荣誉、安全许可、生产许可、从业任职资格、资质审核等方面予以限制或禁止；与相关部门实施联合惩戒措施，以及结合实际情况依法采取其他严格管理措施。

2.5.3　税收违法黑名单让失信者寸步难行

自税收违法黑名单执行以来，越来越多涉及税收违法的企业感到了巨大的压力。我们先来看一个真实的案例。

某市税务局稽查局在对某企业进行检查时，对其存在的偷税行为作出补缴税款及加处罚款的决定。该公司法定代表人李某没有按照规定按时上缴稽查查补税款及罚款，拖欠查补税款达到 100 万元以上。其间，税务机关多次与企业沟通，催缴税款，李某总是以资金周转困难等种种理由搪塞。税务稽查人员多次告知，如果仍拒缴税款，因其偷税行为已达到税收违法"黑名单"公布标准，法定代表人和公司将一同被税务机关列入黑名单，向全社会公布并实施联合惩戒。最终，按照法定程序，该企业被列入黑名单，纳税信用等级直接判定为 D 级。由于纳税信用等级太低、资质不合格等，企业的进出口资格被有关部门限制，李某此时才追悔莫及。

对税收违法黑名单当事人在税务监管方面的惩戒措施主要如下。

（1）增值税专用发票领用按辅导期一般纳税人政策办理，普通发票的领用实行交（验）旧供新、严格限量供应。

（2）将出口企业退税管理类别直接定位四类。

（3）缩短纳税评估周期。

（4）列入重点监控对象，提高监督检查频次，发现税收违法违规行为的，不得使用规定处罚幅度内的最低标准。

（5）纳税信用级别直接判为 D 级，适用相应的 D 级纳税人管理措施。

（6）对欠缴查补税款的纳税人或者其法定代表人在出境前未按照规定结清应纳税款、滞纳金或者提供纳税担保的，税务机关可以依据《税收征管法》相关规定，通知出入境管理机关阻止其出境。

（7）税务机关将当事人信息提供给参与实施联合惩戒的相关部门，由相关部门依法对当事人采取联合惩戒和管理措施。同时为推动形成褒扬诚信、惩戒失信的强大合力，国家三十四部委联合签署了《关于对重大税收违法案件当事人实施联合惩戒措施的合作备忘录（2016 版）》，对二十八项惩戒措施及操作程序进行了明确，包括限制许可、限制准入、限制消费等。

2.6 不是只有开发票才纳税

很多初创企业对税务知识知之甚少，甚至不少财务人员都常常以开具发票作为确认收入、缴纳税款的依据，认为只有开票才纳税，不开票就不用纳税，这个想法是错误的。无论是企业所得税还是增值税等税种，都是以纳税义务发生时间作为纳税的时间点的。千万不能认为只有开票了才纳税，不开票就不纳税。

2.6.1　案例解析"未开票收入"的涉税风险，虚开被判八年

2015 年至 2018 年，张某在实际负责经营 ×× 数码产品店、× 昊公司、× 天公司过程中，从 ×× 通信科技有限公司、×× 通信有限公司、××（中国）投资有限公司等大量进购某手机和少量计算机及配件等电子产品，取得巨额进项增值税专用发票。张某委托董某、汤某、魏某等人在 ×× 等地手机档口市场批发销售及当地辖区分销零售，聘用梅某、万某等人在其经营的当地实体店销售，安排童某收银及开具发票。

因实际销售过程中开具的发票销售数额较小，且张某未进行未开票收入纳税申报，导致三家公司产生大量进项税额留抵。张某为获取开票费用，在与受票方公司没有真实业务或者仅发生小额业务的情况下，为 ×× 实业有限公司、×× 机电设备有限公司、×× 网络科技有限公司等 39 家公司开具 2 017 份价税合计共 45 878 186.4 元的增值税专用发票用于受票公司抵扣销项税额。张某要求受票公司以对公账户支付开票金额，再通过张某、梅某、万某等人的账户回流开票资金至杨某某、曹某、李某、徐某等受票公司负责人的个人账户，完成资金回流，以应付税务检查。张某按照价税合计 3.5% 至 6% 不等的比例收取开票费用，非法获利约 1 923 659 元。

最终法院认定张某犯虚开增值税专用发票罪，判处有期徒刑八年，并处罚金人民币二十五万元。杨某某犯虚开增值税专用发票罪，判处有期徒刑三年，缓刑四年，并处罚金人民币十五万元。张某的违法所得一百九十二万三千六百五十九元（含已缴纳人民币二十万元），予以追缴，上缴国库。

未开票收入，顾名思义就是没有开发票的收入。一些企业由于实际销售过程中开具发票的销售数额较小，对未开票收入不进行纳税申报的情况很多，会使得企业产生大量进项税额留抵，从而引发税务风险预警。案例中的企业负责人张某采用了极端的处理方式，在企业存在较大进项留抵数额的时候，选择了对外虚开的手段用于抵扣进项。由于企业与受票方不存在真实交

易，且开票资金回流，因此被税务机关稽查，背负刑事责任。其实如果企业稍微有点法律意识，合规经营，正常处理账目，也就不会陷入虚开发票的刑事风险之中。

2.6.2 如何确认"未开票收入"纳税义务已经发生

根据相关规定，增值税申报收入除了包括开票收入，也同样包括未开票收入。增值税纳税义务已经发生，无论有没有开票，都需要申报。我们下面来看一看，国家的政策是怎么规定纳税义务发生时间的，对于一个初创企业来说，这是必备的知识，一定要牢牢记住。

（1）《中华人民共和国增值税暂行条例》（国务院令第 691 号）第十九条规定：增值税纳税义务发生时间如下。

①发生应税销售行为，为收讫销售款项或者取得索取销售款项凭据的当天；先开具发票的，为开具发票的当天。

②进口货物，为报关进口的当天。

增值税扣缴义务发生时间为纳税人增值税纳税义务发生的当天。

（2）《中华人民共和国增值税暂行条例实施细则》（财政部 国家税务总局令第 50 号）第三十八条规定：条例第十九条第一款第（一）项规定的收讫销售款项或者取得索取销售款项凭据的当天，按销售结算方式的不同，具体如下。

①采取直接收款方式销售货物，不论货物是否发出，均为收到销售款或者取得索取销售款凭据的当天。

②采取托收承付和委托银行收款方式销售货物，为发出货物并办妥托收手续的当天。

③采取赊销和分期收款方式销售货物，为书面合同约定的收款日期的当天，无书面合同的或者书面合同没有约定收款日期的，为货物发出的当天。

④采取预收货款方式销售货物，为货物发出的当天，但生产销售生产工期超过 12 个月的大型机械设备、船舶、飞机等货物，为收到预收款或者书

面合同约定的收款日期的当天。

⑤委托其他纳税人代销货物，为收到代销单位的代销清单或者收到全部或者部分货款的当天。未收到代销清单及货款的，为发出代销货物满 180 天的当天。

⑥销售应税劳务，为提供劳务同时收讫销售款或者取得索取销售款的凭据的当天。

⑦纳税人发生本细则第四条第（三）项至第（八）项所列视同销售货物行为，为货物移送的当天。

（3）《国家税务总局关于增值税纳税义务发生时间有关问题的公告》（国家税务总局公告 2011 年第 40 号）规定，纳税人生产经营活动中采取直接收款方式销售货物，已将货物移送对方并暂估销售收入入账，但既未取得销售款或取得索取销售款凭据也未开具销售发票的，其增值税纳税义务发生时间为取得销售款或取得索取销售款凭据的当天；先开具发票的，为开具发票的当天。

（4）《财政部 国家税务总局关于全面推开营业税改征增值税试点的通知》（财税〔2016〕36 号）附件 1《营业税改征增值税试点实施办法》第四十五条规定：增值税纳税义务、扣缴义务发生时间为如下。

①纳税人发生应税行为并收讫销售款项或者取得索取销售款项凭据的当天；先开具发票的，为开具发票的当天。

收讫销售款项，是指纳税人销售服务、无形资产、不动产过程中或者完成后收到款项。

取得索取销售款项凭据的当天，是指书面合同确定的付款日期；未签订书面合同或者书面合同未确定付款日期的，为服务、无形资产转让完成的当天或者不动产权属变更的当天。

②纳税人提供建筑服务、租赁服务采取预收款方式的，其纳税义务发生时间为收到预收款的当天。

③纳税人从事金融商品转让的，为金融商品所有权转移的当天。

④纳税人发生本办法第十四条规定情形的，其纳税义务发生时间为服务、无形资产转让完成的当天或者不动产权属变更的当天。

⑤增值税扣缴义务发生时间为纳税人增值税纳税义务发生的当天。

2.7　资金流中的财税风险和筹划

一谈到增值税，很多人都会联想到一个名词"三流合一"，那么"三流"指的是什么呢？《国家税务总局关于加强增值税征收管理若干问题的通知》（国税发〔1995〕192号）第一条第（三）项规定：纳税人购进货物或应税劳务，支付运输费用，所支付款项的单位，必须与开具抵扣凭证的销货单位、提供劳务的单位一致，才能够申报抵扣进项税额，否则不予抵扣。从以上文件可以看出所谓的"三流合一"是指资金流（银行的收付款凭证）、票流（发票的开票人和收票人）和物流（劳务流）相互统一。其中的"资金流"需通过金融机构转收，具备不可篡改性，因此在这些年被税务机关作为稽查的重要手段。

2.7.1　以资金流为突破口定性虚开的真实案例

某市税务局接到上级下发的高风险企业检查任务，要求该局对5户从事皮毛加工、销售的企业开展税收检查。该局迅速成立专案组，调取该5户企业的资料。初步查询发现，这5户企业中，4户从事皮革加工，1户从事皮毛购销，且其中4户企业的注册和生产经营地址相同，办税人员也为同一人。

专案组又对5户企业的申报数据做了汇总统计，发现从20××年8月—20××年3月，一年半的时间里，5户企业累计开票金额近4.6亿元，缴纳税款180万元，税负率仅为0.39%。专案组遂随即开展全面检查，在检查过程中发现，企业账务"规范"，资料"齐全"，企业货物运输、入库、生产和销售的账面记录，以及账簿、凭证和货款支付等基础资料均无明显问题。

账面上无法看出涉税问题。

专案组把注意力转向了企业的资金流。其发现，5 户企业的资金流动明显异常，银行对账单反映，企业资金进出较为频繁，同一笔资金在当天入账后即马上转出，5 家企业几乎无银行存款或现金余额，根据这个线索，专案组通过走访、提级调查等手段，最终确认 5 户企业伪造购销合同、虚构物流信息和收购业务，其交易资金通过网银层层转账，回流至受票企业区域或异地，以蒙骗手段取得各类业务资料应付税务机关的管理和检查，涉嫌虚开增值税普通发票和专用发票。

在案件脉络和线索较为明晰的情况下，该市税务局提请市公安局提前介入，税警联手，查明 5 户企业涉嫌虚开增值税专用发票 4 268 份，涉及金额 4.2 亿元，税额 7 128.71 万元，价税合计 4.9 亿元，发票流向 13 个省份 82 家企业；涉嫌虚开通用机打发票和增值税普通发票 6 013 份，涉及金额 5.03 亿元。

这个虚开案件能够被税务机关精准稽查，是因为税务机关找到了关键的突破口——资金流。在对涉嫌虚开企业实施税务稽查时，税务人员应最大限度地了解和掌握涉案企业的银行账号和涉案人员，如其法定代表人、厂长和出纳等主要业务人员及其他相关人员的个人银行账户，通过银行协查核实资金的实际流向情况。

2.7.2　如何规避资金流带来的涉税风险

《国家税务总局关于纳税人对外开具增值税专用发票有关问题的公告》（国家税务总局公告 2014 年第 39 号）第二款在国税发〔1995〕192 号文件第一条第（三）项的基础上，增加了一个条款：纳税人向受票方纳税人收取了所销售货物、所提供应税劳务或者是税服务的款项，或者取得了索取销售款项的凭据。这一条的含义是指当企业存在"三流"不一致的情况，不属于虚开增值税发票的行为时，是可以抵扣增值税进项税额的。因为当今经济发展迅猛，有些经济行为不一定以现金支付，也可能存在"以债抵债"的情况，形式上和实质上都不存在资金流，那么在这种情况下，我们就需要穷尽手段去避免可能发生的税收风险。下面我们来看一个案例。

A 企业从 B 企业购进一批原材料，取得 B 企业开具的增值税专用发票，发票注明价款 1 000 万元，税额 130 万元，A 企业申报抵扣了增值税进项税额。B 企业卖给 A 企业的原材料，主要是从 C 企业购进的。A 企业欠 B 企业货款 500 万元，B 企业欠 C 企业货款 600 万元。因此 A 企业直接支付给 C 企业 500 万元。

案例中提及的其实就是常说的"三角债"的问题。A 企业从 B 企业购买原材料，货款却付给了 C 企业，代 B 企业还债，如果根据国税发〔1995〕192 号文件第一条第（三）项的规定，这肯定是一个"三流"不一致的典型案例，进项税额肯定不能抵扣；但是根据国家税务总局公告 2014 年第 39 号第二款的规定，只要取得了销售款项的凭据就可以抵扣，那么销售款项的凭据怎么做才能被税务机关认可呢？这就需要我们把合同签好。

像这种情况，一般需要在签订购销合同以外，再签订一个三方抵债合同，合同约定：A 企业直接支付 C 企业 500 万元，代 B 企业偿付 C 企业债务 500 万元，A 企业不再欠 B 企业货款，B 企业与 C 企业之间的债务只剩 100 万元。三方抵债合同是为清偿债权债务关系而签订的，此项行为符合《民法典》的相关规定，A 企业的购进行为和 B 企业的销售行为真实发生，抵扣链条并未中断，因此抵债合同就可以作为销售款项凭据，据此进项税额应该予以抵扣。

在这里我们要注意，如果 B 企业与 C 企业之间不存在债务关系，那么这种方式就是不可取的了。

2.8 财务报表中的重要关注点

财务报表是企业经营情况的晴雨表，每个企业都需要定期向税务机关报送财务报表。初创企业在创业初期，很多都会找代账会计，或者为了节省成本雇用缺乏经验的财务人员，企业经营者一般对会计的要求就是能算好数，纷繁复杂的财务报表数据对初创企业的经营者来说犹如天书一般。在大数据管税下，财务报表数据是税务机关重要关注点，作为初创企业的经营者和财务人员，对其中蕴含的风险可以不精通，但是不能不懂。

2.8.1　预收账款长期挂账被查的故事

甲公司与客户签订合同，约定预付 30% 货款，余下货款 2 个月后支付，货款结清时开具发票。客户已经签收货物，甲公司会计人员将收取的 30% 预付款，挂账预收账款，在客户要求开票的时候才确认收入。税务机关通过大数据分析，发现甲公司资产负债表长期计入大量的预收账款，远高于同行业水平，对其进行检查，发现其采用预付款方式进行销售，纳税义务发生时间应为发出货物当天，于是要求甲公司补缴税款。

预收账款、应收账款金额过大，都会引起税务大数据的预警，预警事项有纳税义务发生时间确认问题、是否存在无票收入未入账问题。

2.8.2　其他应收款的税收风险

乙公司每年的其他应收款占销售收入的比例以 5% 的速度增加，税务机关通过税收大数据分析，发现该企业其他应收款总额占资产总额的 30%，远高于企业同期水平和同行业水平，因此对其进行检查，发现其股东、股东亲属每年从公司提取现金并计入其他应收款账户，用于个人消费，且没有归还，税务检查人员按照《财政部、国家税务总局关于规范个人投资者个人所得税征收管理的通知》（财税〔2003〕158 号）的规定，即纳税年度内个人投资者从其投资企业借款，在该纳税年度终了后不归还，又未用于企业生产经营的，其未归还的借款可视为企业对个人投资者的红利分配，依照"利息、股息、红利所得"项目计征个人所得税。要求其股东按照"利息、股息、红利所得"项目按照 20% 的税率补缴个人所得税。

其他应收款的关键在于"其他"两字，顾名思义，其他应收款不应该记录企业主要发生的事项，金额过大、持续增长，肯定会引起税务机关的警觉。

2.8.3 其他应付款——我们必须重视的科目

C企业资产负债表上，其他应付款占流动负债的比率达70%，部分其他应付款账龄达5年，税务机关通过税收大数据分析，发现企业存在疑点，于是对其进行检查，发现以下问题。

（1）企业在3年之内购买普通发票200万元，用于企业所得税税前扣除，发票是购买的，没有发生实际业务和进行现金支付，因此财务人员长期挂账其他应付款。此行为存在主观故意，被认定为虚开，处罚金10万元，补缴企业所得税50万元，同时缴纳滞纳金。

（2）企业向股东借款2 000万元未还，用于日常生产经营活动。企业注册资本3 000万元，股东均未实缴。借款合同约定款项无须归还。此行为企业本可通过实缴资本金合法处理，但却"聪明"地与股东签订无须归还的借款协议，被认定为企业的债务豁免行为，应计入营业外收入，补缴企业所得税500万元。

其他应收款在税务上是一个非常敏感的指标，除了上述的风险，还会延伸到关联方借款的比例扣除问题、抽逃资本金问题、关联方独立交易原则问题。其他应付款和其他应收款一样，对于一个正规经营的企业，金额过大、变动不正常对税务机关来说，绝对是一个重要关注点。

2.8.4 资本公积和盈余公积转增股本的免税误区

甲有限责任公司，2021年年底，累计资本公积500万元，经股东协商一致，决定将提取的部分资本公积300万元转增股本。大股东A听说资本公积和盈余公积转增股本可以免征个人所得税，于是要求财务人员做免税申报。税务机关通过大数据分析，发现甲有限责任公司存在资本公积未纳税行为，于是要求甲有限责任公司自查整改。经税务机关政策辅导，大股东A才了解，原来自己陷入了一个政策理解误区，资本公积转增股本免征个人所得税有特殊要求——股份制企业股票溢价发行收入所形成的资本公积转增股本，才享受免征个人所得税。

也就是说，除了股份制企业股票溢价发行这种情况外，企业将资本公积转增股本，属于向个人分配股息红利，需要为个人股东代扣代缴 20% 的个人所得税。甲有限责任公司按照 300 万元的 20%，缴纳了个人所得税 60 万元，同时缴纳了滞纳金。

上面是一个非常典型的案例，就是企业的经营者和决策者对政策掌握不准确造成的。对于初创企业来说，会接触很多来自四面八方的消息：这个行为可以免税，那样做可以少交税。其实税务文件在很多情况下都会列明享受税收优惠的前提条件，企业的经营者和决策者在做纳税筹划之前一定要做好功课。

第 **3** 章
税务筹划，向前一步就是逃税

伴随着经济的快速发展，行业竞争愈发激烈，每个企业的管理者和股东都希望把企业的成本费用降下来、利润升上去，让企业生存得更好。税费在企业运营的过程中占有较大的支出比重，且对企业来说属于纯支出，不产生任何经济利益，为了降低这方面的支出，税务筹划应运而生。那么什么是合理避税呢？

对此，仁者见仁，智者见智。市场上存在各式各样的税务筹划产品，有核定低税率的，有解决抵扣发票的，也有业务流程再造的，对于不懂财税的外行人，哪怕是对于很多财务人员来说，都很难判别其合理性和合法性，他们选择税务筹划产品时的唯一标准就是哪个产品能为其节省最多的税款，然而后果却往往不一定尽如人意。其实税务筹划不是一个新概念，其实质是合理利用现有的法律、法规的规则，利用合理的业务流程再造，实现税负减轻。税务来源于业务，节税靠的是业务流程再造，而不是钻空子或虚构业务。税务筹划可以有效降低企业支出，但若做不好，向前一步就是逃税了。

3.1 税务筹划与逃税的边界

税务筹划与逃税的区别是什么？这个问题原本不是问题，税务筹划是合法的，逃税是违法的，但是实际上很多人都分不清，甚至分不清就敢直接做，结果搬起石头砸自己的脚，最后还说政策制定有问题，更有甚者，自己虚开发票犯罪了都不自知。

3.1.1 从一个故事说起

在这里通过一个故事，让大家来领会一下税务筹划与逃税的边界。

一家从事广告服务的服务型企业，是一般纳税人，由于能够取得的进项发票少，还得缴纳文化事业建设费，总经理感觉税款的压力有点大，于是就在某些"高人"的指点下，制定了一个税务筹划方案。

新成立一个公司，认定为小规模纳税人，凡是政府机关、事业单位、小规模纳税人、个人等不需要进项发票的客户，由新成立的公司开具税率1%的发票（2022年4月1日至12月31日免税）。其他需要增值税专用发票的客户依然由一般纳税人公司开票。他把整个广告业务拆分为广告业务和广告设计业务，各占50%，并游说客户分开开票。如此一来，一部分业务的销售额被分流到小规模纳税人公司，税负率就降到了1%以下，而广告设计属于文化创意类业务，不需要缴纳文化事业建设费，这又节省了一半的文化事业建设费支出，总经理感觉达到了节税的效果。

这个税务筹划方案是否可行呢？会不会被认定为逃税呢？这是一种零和博弈，税务筹划成功与否在于税务机关是否认定为违法，如果认定为违法，这就是一个失败的税务筹划方案；如果认定为没违法，那么税务筹划方案就是成功的。税务机关会如何认定是否违法呢？

3.1.2　税务机关会怎样认定企业是否违法

证据，税务机关认定企业是否逃税的关键就是凭这两个字。小规模纳税人究竟有没有实际提供广告服务，广告服务和广告设计服务是否真实分离，如果税务机关有实质证据证明企业没有实质业务，拆分不是实质分离，那么风险就出来了。

第一，小规模纳税人企业除了挂名的法定代表人、会计，连一个员工都没有，显然这个公司是不具备广告设计能力的；第二，为客户提供的广告设计服务包含在为客户发布出去的广告中，这显然是以逃避税款为目的进行的业务拆分。

如此一来，税务机关就握有充足的证据认定企业违法。

第一，小规模纳税人企业没有实际提供广告服务，却开了发票，虚开就是违法。

第二，实际上广告服务是一般纳税人企业做的，那么说明隐瞒了一般纳税人企业向小规模纳税人企业提供设计服务这个过程，一般纳税人企业逃税。

第三，广告设计明明是广告业务中的一个环节，非要虚构业务强行剥离，企业的客户需要的是最终发布的广告，而不是设计，这就是逃税。

现在很多管理者总是沾沾自喜地认为，大家都这么做，也没见谁出事。在大数据管税的情况下，查处这些问题简直太简单了：从个人所得税申报中就能查出企业有没有人、发没发工资、有没有业务能力；从电子底账系统中通过关联商品与服务编码，就能看出企业有没有进行虚假业务拆分。现在占到的便宜，早晚会被查到，今年不查明年查，明年不查后年查，逃税可以无期限追征，查到就是年化 18.25% 的滞纳金，还有税款 0.5 倍到 5 倍的罚款。

3.1.3　面对质疑，如何做到税务筹划

科学的税务筹划，就是要用真实的、轻税负的业务，重构企业业务流程。

如果要成立小规模纳税人，那就真真正正成立一个公司，该调拨人员、

设备、办公场所就调拨。哪怕在一起办公，用的是共享工位也无所谓，关键在于人、财、物要严格地进行划分，当然人可以是兼职人员，设备也可以共用，这个也是允许的，但是从根本上必须分开核算，这才是税务筹划的核心价值。

还有就是要注重细节，一般纳税人公司调拨给小规模纳税人公司的设备要做视同销售处理；按照税法规定小规模纳税人购入设备不能进行增值税进项税抵扣，一般纳税人新购入与小规模纳税人共用的设备要进行分摊，一般纳税人就小规模纳税人承担部分的进项税该转出就得转出，如果是租用，该确认收入就得确认收入。

客户接受小规模纳税人公司的广告服务，那么就必须由小规模纳税人公司签合同、收款，由小规模纳税人公司的人员开展业务，小规模纳税人公司就必须要具备业务能力。会计需要对业务、资产、人员进行准确的核算和涉税处理。

如果要将广告服务和广告设计服务拆分，那就分别成立广告公司和广告设计公司，将从事设计工作的人调拨到广告设计公司，从事广告发布、代理的人调拨到广告公司，实现业务的实质拆分。要是客户接受，客户可以向广告设计公司单独购买广告设计方案，方案由广告公司进行发布、代理。

3.1.4　税务筹划与逃税的边界

既然税务筹划是动别人奶酪的事情，那么就要有勇气面对质疑，税务机关肯定不会让企业这么安逸地去操作，其也有反税务筹划的手段。税务筹划就是，不论面对什么质疑、检查、评估、调整，即使对方穷尽手段，企业也总是能够合理、合法地面对争议，见招拆招，知可为和不可为，知道底线在哪，安全点在哪，知道税务筹划和逃税的边界。如果仅仅把税务筹划当成一个点子，人云亦云，随波逐流，那么非常容易搬起石头砸自己的脚，一不注意税务筹划就变成了逃税。

3.2　核定征收，不得不谈的"坑"

谈到核定征收，我们先来看看相关法律规定，什么情况下可以进行核定征收。

3.2.1　什么情况下企业所得税可以核定征收

纳税人具有下列情形之一的，可以实行核定征收企业所得税。

（1）依照法律、行政法规的规定可以不设置账簿的。

（2）依照法律、行政法规的规定应当设置但未设置账簿的。

（3）擅自销毁账簿或者拒不提供纳税资料的。

（4）虽设置账簿，但账目混乱或者成本资料、收入凭证、费用凭证残缺不全，难以查账的。

（5）发生纳税义务，未按照规定的期限办理纳税申报，经税务机关责令限期申报，逾期仍不申报的。

（6）申报的计税依据明显偏低，又无正当理由的。

跨境电子商务综合试验区内的跨境电子商务零售出口企业同时符合下列条件的，可以试行核定征收企业所得税。

（1）在综合试验区注册，并在注册地跨境电子商务线上综合服务平台登记出口货物日期、名称、计量单位、数量、单价、金额的。

（2）出口货物通过综合试验区所在地海关办理电子商务出口申报手续的。

（3）出口货物未取得有效进货凭证，其增值税、消费税享受免税政策的。

3.2.2　什么情形下，个人独资企业和合伙企业可以核定征收

个人独资企业和合伙企业可以核定征收的情形如下。

（1）企业依照国家有关规定应当设置但未设置账簿的。

（2）企业虽设置账簿，但账目混乱或者成本资料、收入凭证、费用凭证残缺不全、难以查账的。

（3）纳税人发生纳税义务，未按照规定的期限办理纳税申报，经税务机关责令限期申报，逾期仍不申报的。

从以上情形我们不难看出，核定征收从来就不是一个事前的事项。所有的企业都有建立账簿的义务，也就是说一个企业自成立之初就应建账，查账征收是与生俱来的，只有查账环节出问题了，税务机关才能进行核定征收，核定征收从本质来看是一种惩戒的措施，而不是一种减轻税负的税务筹划手段。下面我们再看几个被各大媒体报道过的案例。

3.2.3　逃不出的五指山，再"聪明"的筹划不合法也要补税

2021年12月，××市税务局稽查局发布通告，经税收大数据分析发现，某"网红"在2019—2020年偷逃税款6.43亿元，少缴其他税款0.6亿元，主要通过隐匿个人收入、虚构业务转换收入性质、虚假申报偷逃和少缴税款等方式，最后有关部门对该"网红"依法作出处罚决定，追缴税款、加收滞纳金并处罚款共计13.41亿元。

这里的偷逃税方式如下。

一是虚构业务。通过设立的多家个人独资企业、合伙企业，虚构业务，将直播"带货"的佣金、坑位费等劳务报酬所得，变为企业经营所得，虚假申报、偷逃税款。

二是收入不报税或少报税。从事其他生产经营活动取得的收入，不进行纳税申报；隐匿从直播平台获取的收入，虚假申报税款，如少申报部分收入。

3.2.4　后知后觉为时已晚，自查阶段要珍惜

2022年3月15日，××市税务局稽查局经税收大数据进一步分析，发现某男艺人涉嫌偷逃税款，经税务机关提醒督促仍整改不彻底，遂依法依规对其开展了全面深入的税务检查，经查，该男艺人在2019年至2020年，通过虚构业务转换收入性质进行虚假申报，偷逃个人所得税4 765.82万元，少

缴其他税款 1 399.32 万元。税务机关对该男艺人追缴税款、加收滞纳金并处罚款，共计 1.06 亿元。

这里偷逃税的方式与上一个例子区别不大，但是该男艺人本有自查整改的机会却未珍惜，如果在这期间补税是不会产生罚款的，他却没有珍惜税务机关给予的自查整改机会，改正不彻底，结果被稽查，不但需要补税和缴纳滞纳金，还需要缴纳罚款。

3.2.5　分散收入，再多的"中心"也逃不过被查

2021 年 11 月 22 日，某"网红"因偷逃税款，被依法追缴税款、加收滞纳金并处罚款共计 6 555.31 万元，该"网红"在 2019 年至 2020 年，通过设立 ×× 营销策划中心、北海 ×× 策划中心、上海 ×× 营销策划中心、上海 ××× 营销策划中心、宜春市宜阳新区 ×× 营销服务中心、宜春市宜阳新区 ××× 营销服务中心等个人独资企业，虚构业务，把从有关企业取得的个人工资、薪金和劳务报酬所得 8 445.61 万元，转换为个人独资企业的经营所得，偷逃个人所得税 3 036.95 万元。

这个案例中的偷逃税方式较为简单、直接，就是成立大量的个人独资企业。殊不知针对个人所得税，税务机关是按照个人管理的，而不是按照个人独资企业单独管理，成立 1 万个个人独资企业，税务机关也只认个人，收入也是要汇总计算缴纳个人所得税的。

3.2.6　利用阴阳合同隐匿收入，殊不知法网恢恢，疏而不漏

某女艺人，2018 年 9 月经国家有关部门查证，涉嫌阴阳合同涉税问题，其个人和旗下工作室共同参与偷税漏税。2018 年 9 月 30 日，某省税务局依法已向该女艺人正式下达《税务处理决定书》和《税务行政处罚决定书》，要求其将追缴的税款、滞纳金、罚款在收到上述处理、处罚决定后在规定期限内缴清。至此，该女艺人的偷税、漏税行为被官方证实，需要补缴税款共 8.84 亿元。

阴阳合同不是税务机关能够通过税务数据查出来的，该女艺人是被某主持人举报才事发的。税务机关有了线索，抓住该女艺人上游企业的资金流，抓住女艺人个人的资金流，一查一个准。

3.2.7　偷逃税方式和核定征收有什么关系

以上四个案例，貌似没有提到核定征收一事，但是这四个案例的事发却实实在在的源自核定征收，从四个案例事发的主体我们能够找到共同点，都是个人独资企业和合伙企业。我们都知道个人独资企业和合伙企业是缴纳个人所得税的，个人所得税征收的对象是个人，而非企业，也就是说无论成立多少个人独资企业、合伙企业，只要是经营所得都需要最终并入个人收入，进行个人经营所得的汇算缴纳。按照查账征收的方式，这里面的筹划空间不大，那么只有以较小的利润率进行核定征收才能减轻税负，于是他们在全国各地的税收注地注册个人独资企业和合伙企业，或通过阴阳合同把收入进行拆分，或通过虚构业务更改收入性质，将收入打进已经核定征收的个人独资企业和合伙企业，从而达到少交个人所得税的目的。

目前以委托代征、核定征收为基础的税务平台层出不穷，可以说乱象丛生。从税务总局严查"网红"和娱乐行业、灵活用工平台就可以看出，国家已经重点关注核定征收了，税收筹划可以，但切记业务要真实，不要越过红线，引火上身。从现在的税务管理发展方向来看，核定征收筹划蕴藏着巨大风险，那么风险在什么地方呢？我们还是以案例来解析其中存在的风险。

3.2.8　为走票而生的核定征收空壳公司，被查就是虚开发票

增值税一般纳税人甲企业，为了减少企业所得税，在可以核定征收的某产业园成立了一家个人独资企业乙，专门给甲企业开具费用发票。甲企业让乙企业开具的费用发票上列明的基本上都是甲企业平时无法取得发票的支出，费用是实际发生的。甲企业如果开具发票一般会多支出8%左右的税点，于是成立乙企业利用核定征收的优惠政策，减轻个人所得税税负，整体支出

不到 2% 就解决了费用发票问题。

在我国，大部分情况下无发票不能进行税前扣除，这是现阶段无法改变的事实，甲企业利用乙企业享受的优惠政策去处理费用，虽然实质上支出是真实的，但由于乙企业没有实质性运营，这种行为就属于虚开发票。

3.2.9　利用核定征收的空壳公司转让利润

增值税一般纳税人甲公司，为了减少企业所得税，专门在税收洼地成立了一家个人独资企业乙企业。甲公司将货物以较低的价格销售给乙企业，乙企业再按照正常价格销售给客户。乙企业利用核定征收的优惠政策，享受了较轻的个人所得税税负，而甲公司由于销售收入下降，所以企业所得税大幅下降。

这是一种现在非常流行且常用的税收筹划手段，从表面上看，似乎存在一定的合理性，但是甲、乙之间的关联交易缺乏商业目的，更有甚者资金流、货物流全部缺失，也就是说这属于有意偷逃税款，一旦被查后患无穷。

3.2.10　高收入群体利用个人独资企业筹划，聪明反被聪明误

小王是甲公司的高管，年薪较高，适用 45% 的个人所得税税率，社保全部在甲公司缴纳。为了减轻税负，小王成立个人独资企业，给甲公司开具发票，收取咨询费，个人独资企业可申请核定征收，税负很轻，从而达到节税的目的。

我们可以看到，小王作为甲公司的员工，首先取得的收入是工资、薪金所得，为本公司提供的额外服务根据法理来讲应并入劳务报酬所得。若小王依然为甲公司员工，则小王成立的个人独资企业给甲公司开具发票可能涉及虚开发票，因为所谓的咨询是包装出来的，是小王作为一名员工应尽的职责。若小王和甲公司解除了劳动合同，只有服务协议，那么小王实质上作为劳动者的权益将无法保障，也存在一定的风险，如果小王的社保依然在甲公司缴纳，那么会被视同该公司员工。

3.2.11　核定征收涉税风险的总结

目前这种普惠性的核定征收是各地方经济发展中一个临时性的产物，随着我国税务立法的不断完善、大数据管税的逐步深入，这种税务筹划手段将会成为历史，且现阶段仍然存在较大的涉税风险，不要为了眼前的利益轻易入"坑"。那么已经采用核定征收的企业应该怎么办呢？那就是保证业务真实，千万不要虚构业务。

3.3　貌似聪明的税务筹划——"巧用"小规模纳税人身份入"坑"

近 10 年以来，小规模纳税人增值税优惠政策接踵而来，阶段性优惠政策层出不穷，起征点从 3 万元提升到 15 万元，征收率从 3% 降到 1%，从 2022 年 4 月 1 日至 2022 年 12 月 31 日免征，强行转为一般纳税人的标准提升到 500 万元，这些政策无处不体现着国家对小规模纳税人的关心和照顾。但是长期以来税务管理上的缺失，已经让很多小规模纳税人忽视了其自身的税负管理和纳税风险。在金税三期时代，大数据暂未实现全面贯通，税务机关自然没有那么多精力放在管理小规模纳税人上，但是随着金税四期"以数治税"时代的来临，数据风险指标将会是管理的主要抓手。本杰明·富兰克林就曾说过："世界上只有两件事情不可避免，那就是税收和死亡。"风险指标是不会管企业是小规模纳税人还是一般纳税人的。

3.3.1　貌似"很有成效"的税务筹划方案

一个物业管理公司，为小区业主提供物业管理服务，同时还管理数百个车位。房地产开发企业以 100 万元的租金将车位打包租给物业公司，由物业公司经营管理。物业公司是小规模纳税人，2022 年第一季度的增值税征收率为 1%，后三个季度免税。随着入住率提高，物业公司预计 2022 年的收入将超过 500 万元，其中物业管理费收入 500 万元，车位租赁收入 200 万元，需要变更为一般纳税人，适用 6% 增值税税率。由于物业公司的主要成本是人力成本，进项不多，所以物业公司不希望变更为一般纳税人。于是物业公司的会计就开始了税收筹划，筹划的主要思路如下。

（1）把车位归还给房地产开发企业，由房地产开发企业自行管理出租。物业公司减少车位租赁收入 200 万元。

（2）2022 年收入减少到 300 万元，主要为小区业主交纳的管理费，因为业主交管理费不需要开发票，若隐瞒 100 多万元的收入，就不需要变更为一般纳税人，隐瞒 100 万元的比例也不算大，不容易被发现。

3.3.2　税务筹划是一个整体的考量，不要"本位主义"至上

我们先来看看，把车位归还给房地产开发企业管理这个思路。从税收的角度来说是没什么问题的，但是从通盘考虑上却犯了"本位主义"至上的错误。在实务中，物业公司与房地产开发企业都归属同一组织，物业公司的经营利润一般是很低的，多数的物业公司账面长期亏损也是很正常的，即便获利也是按小微企业的企业所得税税率交纳，可以享受优惠政策，房地产开发企业基本上不可能是小微企业，房地产开发企业将车位租给物业公司管理，可以将部分利润转移至物业公司，房地产开发企业收取物业公司的租金 100 万元。如果是物业公司交企业所得税，由于其享受小微企业优惠政策，物业服务又很难获利，那么企业所得税不会超过 $100 \times 5\% \times 50\% = 2.5$（万元），如果房地产开发企业交的话对应的企业所得税就是 $100 \times 25\% = 25$（万元），也就是说物业公司省了 $100 \times 9\% = 9$（万元）增值税，但是却造成房地产开发企业多交了 25 万元的企业所得税。

3.3.3　税务筹划要切记世上没有不透风的墙，不要耍小聪明

我们再来看看隐匿无票收入这个"高明"的手段。目前对物业公司的管理费收入进行稽查并不困难，因为有大数据做支撑，通过房地产开发企业

开具的发票、网签合同、契税缴纳情况，很容易就能调取入住率数据。那么"聪明"的会计也许还会在面积上想办法，毕竟不需要开具发票。减少收费面积去隐匿收入，这个就更容易查了，因为房地产开发企业在缴纳土地增值税、房产税的时候，就已经报送了所有的已销售面积。金税四期的大数据功能真的不是说说而已，我们要注意税务管理以后不是"以票管税"，而是"以数治税"，收入不是只要不开具发票，想瞒就能瞒的。

3.4　貌似聪明的税务筹划——交税了就不会被查

很多企业的管理者、财务人员似乎都有一个固定的思维：只要多交税，税务局怎样也查不到自己头上。事情真的是这样子吗？说到这里，我们就不得不谈到"税负率"这个问题，在大数据管税的背景下，大数据分析很容易就可以对企业的税负指标进行风险扫描，不论是税负率过高还是过低，只要指标偏离了业务实质的合理范围，都会被检查。

3.4.1　为国家多做了"贡献"仍然被查

甲商贸公司主营精铁粉销售，该公司 2021 年销售额达 4 亿元，全年增值税申报表里销项税正常，进项税方面，只有物流进项，没有货物等进项，该公司按照 12% 的税负率全年缴纳增值税 4 900 余万元。因为进项税抵扣较少，所以增值税税负率明显偏高，这引起了税务机关的注意。税务人员立即对该公司进行约谈，当问及为何没有取得货物进项发票时，该公司管理者非常"自豪"地说："我们就是想给国家多做贡献，不行吗？"税务人员当然不会相信公司管理者的说法，经过进一步核查，发现该商贸公司的精铁粉全部从一家黑矿场购入，资金流、货物流、物流证据齐全，但是无发票，用自制白条入账，没有依法取得合规票据。增值税部分，当地政府按照缴纳增值税的 30% 给予税收返还 1 500 万元。税务机关检查后对该公司的处理决定如下。

（1）企业所得税方面，对白条入账部分做纳税调增处理，补缴企业所得税 8 700 余万元。

（2）公司与地方政府签订的财政补贴与公司销售挂钩，因此根据《国家税务总局关于取消增值税扣税凭证认证确认期限等增值税征管问题的公告》（国家税务总局公告 2019 年第 45 号）第七款规定，纳税人取得的财政补贴收入，与其销售货物、劳务、服务、无形资产、不动产的收入或者数量直接挂钩的，应按规定计算缴纳增值税。所以该公司应补缴增值税 172.5 万元。

（3）针对该公司进货的黑矿场，发协查函至当地税务机关，通知当地税务机关对该黑矿场进行检查。

3.4.2　拿什么来拯救"税负率"陷阱

正所谓"事出反常必有妖"，没有人会平白无故多交税款，多交税款的背后必然隐藏少交税款的地方；也没有企业会"长亏不倒"，几亿元的销售就交几万元的增值税。

很多人都会问，有没有可以参照的税负率标准？在大数据管税下，是不存在所谓的行业税负率参考值的，因为税务系统掌握着所有企业的申报数据和行业分类，可以根据不同的时期、不同的经济环境分析出行业的平均税负率。也就是说，税负率在大数据管税下是一个动态的指标，可能今天经济形势不好，行业整体税负率偏低，从而企业税负率偏低也是正常的。

那么一般来说，在什么情况下会产生税负率预警呢？从横向上看，当税负率在一段时间内大幅（一般为 20%）高于行业水平或低于行业水平时，或从纵向上看，自身税负水平跳跃式变动时，一般会产生税负率预警。在大数据管税时代，所谓"交税就不会被核查"的想法是行不通的，还是要还原业务实质去开展财税工作。

3.5　貌似聪明的税务筹划——利用人力资源外包的风险

说到人力资源外包，相信很多企业都不陌生，很多企业使用的代发工资就属于人力资源外包当中的薪酬管理部分。人力资源外包是指企业根据需要将部分人力资源管理工作或职能外包出去，交由其他企业或组织进行管理，以达到降低人力成本、实现效率优化等目的。人力资源外包公司实质是作为一个企业的人力资源部门去开展业务的。下面我们就来一起看看这中间存在什么税务风险。

3.5.1 代发工资代扣的个人所得税和社保谁去交

2021 年 1 月某销售服务 A 企业与某人力资源 B 企业签订人力资源外包——代发工资服务协议，协议约定 B 企业为 A 企业提供员工代发工资服务，B 企业不负责个人所得税和社保费的代扣代缴。B 企业每月按照经济代理服务就服务费部分给 A 企业开具专票，就代发工资部分给 A 企业开具普票。A 企业在取得 B 企业开具的发票后正常入账。双方均未就代发人员个人所得税和社保进行代扣。

税务机关在开展大数据分析的过程中，发现 B 企业作为从事人力资源服务的企业，其销售额与个人所得税代扣代缴工资额存在严重偏离，因此对其进行税务稽查。税务机关在稽查中发现，B 企业与 A 企业签订的是代发工资性质的人力资源外包服务协议，合同中也约定了 B 企业不负责个人所得税和社保的代扣代缴，员工的劳动关系还是归属用工企业，因此税务稽查排除了 B 企业的风险，向 A 企业所在地税务机关发出风险提示，A 企业所在地税务机关对 A 企业开展核查，要求 A 企业补缴个人所得税和社保，并就其未代扣代缴行为进行处罚。

现在有很多企业为了少交个人所得税和社保，通过人力资源的形式将工资发放外包出去，认为只要取得了发放工资发票就万事大吉。在大数据管税下，个人所得税、社保全面纳入金税四期系统进行管理，数据比对将会非常严格，通过这种方式去规避个人所得税和社保的缴纳将只是掩耳盗铃式的自我安慰。

3.5.2　灵活用工真的能规避个人所得税和社保费吗

上海市嘉定区人民检察院一则起诉书显示，2018 年 1 月至 2019 年 10 月，被告人余某某伙同被告人杨某某，先后注册设立上海 × 甲企业管理有限公司、上海 × × 人力资源有限公司、上海 × 乙企业管理有限公司等三家公司，并招聘被告人王某乙为员工，以提供薪酬优化、税务筹划、代发工资为名，通过被告人陈某某、王某甲介绍，在无真实业务的情况下，通过资金过账后扣除开票费用再返还资金的方式，向 × × 家具用品（上海）有限公司、上海 × × 网络科技有限公司等 30 家单位虚开增值税普通发票 300 余份，票面金额合计人民币 2 000 余万元。

检察院认为，为牟取非法利益，被告人余某某、杨某某、王某乙为他人虚开增值税普通发票，陈某某、王某甲介绍他人虚开增值税普通发票，情节特别严重，犯罪事实清楚，证据确实、充分，根据《中华人民共和国刑法》第二十五条第一款、第二百零五条之一，均应以虚开发票罪追究其刑事责任。

灵活用工平台对我们来说并不陌生，灵活用工本是国务院实施的一项促进就业、活跃经济发展的重要举措，其开展需要有特定的应用场景，不是所有的用工行为都适用。近几年通过虚开普通发票套取资金的行为屡见不鲜，但是一些虚开发票的空壳公司披上"灵活用工"外衣，宣传代发工资、奖金、税务筹划，业务规模还做得非常大，其中根本原因就是被利益蒙蔽了双眼。灵活用工不是不可以做，但是一定要设计好用工业务场景，以逃避个人所得税和社保费缴纳的筹划肯定是不可取的。

3.5.3　正规的薪资筹划应该怎么做

很多企业的薪酬管理都由人力资源（HR）负责，财务人员只负责薪酬的发放，因为财务人员和 HR 的关注点和侧重点往往是不一致的，所以这种运行体制下往往会造成薪资筹划的沟通不畅。一个成功的薪资筹划，离不开 HR 与财务人员的通力协作。

我们都知道个人所得税和社保费涉及的优惠较少，在优惠上做筹划的空间并不是很大，特别是随着社保费全国统筹的来临，利用不同区域社保费缴纳基数差去筹划的空间也将进一步被压缩。那么是不是薪资筹划就做不了呢？我们先看看什么收入不纳入社保费缴纳基数以及个人所得税缴纳情况，具体如表 3.1 所示。

表 3.1　不纳入社保费缴纳基数的收入及对应的个人所得税缴纳情况

序号	不纳入社保费缴纳基数的收入	缴纳个人所得税
1	国务院部委、中国人民解放军军以上单位、省级人民政府，以及外国组织、国际组织颁发的科学、教育、技术、文化、卫生、体育、环境保护等方面的奖金	免征个人所得税
2	按照国家规定的比例或基数计提的有关劳动保险和职工福利方面的费用、工会经费中支付给个人的各种补贴补助	免征个人所得税
3	根据国家有关规定为职工发放的劳动保护用品实物支出和以现金形式发放的防暑降温费	防暑降温费征收个人所得税 劳动保护用品不征收个人所得税
4	企业支付给有关离休、退休、退职人员待遇的各项支出不列入缴费基数。有关离休、退休、退职人员待遇的各项支出，指由各级政府有关行政部门规定的由企业负担的针对离休、退休、退职人员的各项待遇支出，但企业自行为离退休人员发放的各种待遇支出除外	按照国家统一规定发给干部、职工的安家费、退职费、基本养老金或者退休费、离休费、离休生活补助费免征个人所得税，其他收入征收个人所得税
5	支付给外单位人员的稿费、讲课费及其他专门工作报酬	征收个人所得税
6	支付的特许权使用费、利息、股息、财产转让费、财产租赁费	征收个人所得税
7	出差补助、误餐补助。职工出差应购卧票实际改乘坐席的减价提成归己部分；因实行住宿费包干，实际支出费用低于标准的差价归己部分	免征个人所得税
8	对自带工具、牲畜来企业工作的从业人员所支付的工具、牲畜等的补偿费用	征收个人所得税
9	实行租赁经营单位的承租人的风险性补偿收入	征收个人所得税

（续表）

序号	不纳入社保费缴纳基数的收入	缴纳个人所得税
10	职工集资入股或购买企业债券后发给职工的股息分红、债券利息以及职工个人技术投入后的税前收益分配	征收个人所得税
11	劳动合同制职工解除劳动合同时由企业支付的医疗补助费、生活补助费以及一次性支付给职工的经济补偿金	个人与用人单位解除劳动关系取得一次性补偿收入（包括用人单位发放的经济补偿金、生活补助费和其他补助费），在当地上年职工平均工资3倍数额以内的部分，免征个人所得税；其他情况征收个人所得税
12	支付给家庭工人的加工费和按加工订货办法支付给承包单位的发包费用	征收个人所得税
13	支付给参加企业劳动的在校学生的补贴	征收个人所得税
14	调动工作的旅费和安家费中净结余的现金	征收个人所得税
15	由单位缴纳的各项社会保险费、国家规定标准内的住房公积金	免征个人所得税
16	支付给从保安公司招用的人员的补贴	征收个人所得税
17	按照国家政策为职工建立的企业年金和补充医疗保险，其中单位按政策规定比例缴纳部分	免征个人所得税
18	未形成职工实际收入的企业食堂工作餐支出	免征个人所得税
19	按照国家政策为职工建立的企业年金和补充医疗保险，其中单位按政策规定比例缴纳部分	暂不缴纳个人所得税

从表3.1中我们不难看出，薪资是有结构的，并不是所有的薪资都纳入社保费计算基数，也不是所有的薪资都需要缴纳个人所得税。无论是HR还是财务人员，设计一个科学的薪资结构，对于薪资筹划是有重要意义的。

比如，一家业务覆盖全省的商贸企业，其业务人员、送货司机占企业人员数量的70%，这些人员需要经常出差，之前的薪资发放方式为工资＋提成，出差费用实报实销，工资和提成都是需要纳入社保费和个人所得税缴纳基数的。如果将薪资结构进行优化，将出差费用实报实销改为出差补助包干制方式，对薪资结构进行重构，薪酬发放改为工资＋提成＋出差补助，减小纳入基数的收入比例，增大不纳入基数的收入比例，可以达到一定的筹划效果。

3.6　税收洼地筹划思路

税收洼地指的是在特定的行政区域、税务管辖区，区域内政府为了吸引企业入驻、扩充本地税收来源、促进本地经济发展，从而制定一系列的税收优惠政策、地方留存返还政策、简化税收征管办法等。利用税收洼地进行税收筹划其实就是利用当地较低的税负率，节省税款、增加收入，那么这种税务筹划方式究竟如何？下面我们一起来讨论一下。

3.6.1　从国家层面进行税收洼地政策分析

以海南自由贸易港为例，近几年，中央下大力气发展海南自由贸易港，财政部和国家税务总局先后下发了多个文件给予海南自由贸易港税收优惠政策，主要的优惠政策如下。

（1）鼓励类产业享受 15% 的企业所得税税率政策——《财政部 税务总局关于海南自由贸易港企业所得税优惠政策的通知》（财税〔2020〕31号），有效期：自 2020 年 1 月 1 日起执行至 2024 年 12 月 31 日。

（2）固定资产、无形资产一次性扣除政策——《财政部 税务总局关于海南自由贸易港企业所得税优惠政策的通知》（财税〔2020〕31号），有效期：自 2020 年 1 月 1 日起执行至 2024 年 12 月 31 日。

（3）固定资产、无形资产加速折旧、摊销政策——《财政部 税务总局关于海南自由贸易港企业所得税优惠政策的通知》（财税〔2020〕31号），有效期：自 2020 年 1 月 1 日起执行至 2024 年 12 月 31 日。

（4）三大类企业境外投资免征企业所得税——《财政部 税务总局关于海南自由贸易港企业所得税优惠政策的通知》（财税〔2020〕31号），有效期：自 2020 年 1 月 1 日起执行至 2024 年 12 月 31 日。

（5）高端紧缺人才个人所得税减免政策——《财政部 税务总局关于海南自由贸易港高端紧缺人才个人所得税政策的通知》（财税〔2020〕32号），有效期：自 2020 年 1 月 1 日起执行至 2024 年 12 月 31 日。

（6）国际运输船舶增值税退税政策——《财政部 交通运输部 税务总局关于海南自由贸易港国际运输船舶有关增值税政策的通知》（财税〔2020〕41号），有效期：自 2020 年 1 月 1 日起执行至 2024 年 12 月 31 日。

（7）免税店销售离岛免税商品免税政策——《财政部 海关总署 税务总局关于海南离岛旅客免税购物政策的公告》（财政部 海关总署 税务总局公告 2020 年第 33 号）。

从这些政策中，我们可以看到，国家在区域经济发展策略的制定中，并不排斥通过税收优惠去打造税收洼地，进而加速区域经济发展。但是从上述文件当中，我们可以看出，国家制定此类政策的导向也是很明显的。第一就是吸引鼓励类产业落地，第二就是发展当地特色经济，第三就是引进人才。

3.6.2　"总部经济"在税收洼地的财税风险

企业之所以入驻总部经济产业园区，大部分的关注点都聚焦在当地财政的税收返还上，因为政府信用背书按照地方税收留存收入一定比例返还给企业的政策，还是比较可信的，但是总部经济的快速发展也催生了大量空壳公司，也就是除了营业执照啥都没有的企业，这种公司就是虚假的公司。

总部经济采用集群注册方式成立的虚拟注册企业是合规的，但是要做到合理合法是有条件要求的。一般来说必须要有一个代理公司实际在当地注册，有人员在当地办公，才可以不实体办公。虚拟注册是合法的，注册地址可以是工位的形式注册，需要配备门牌号，如果除了一个地址，其他什么都没有那就是虚假注册，虚拟和虚假之间往往只差一个工位。

我国总部经济在各地的发展现状是，产业园区挂"总部经济"的名头，以地方财政返还、核定征收等条件吸引企业进驻园区成立企业。虚拟地址注册公司就是在这种大环境下出现的。那么总部经济是什么呢？总部经济是指伴随着商务园区、中心商务区的出现而被发现的一种经济模式。它因为某一单一产业价值的吸引力，而出现众多资源大规模聚合，形成有特定职能的经济区域，在此区域高端集合成为一种特殊的经济模式。从这里我们可以看到总部经济并不等于集群注册企业，更不等于虚拟地址注册。

3.6.3　税收洼地正确的税收筹划思路

企业入驻税收洼地后有多种享受优惠的方式，比如税收优惠、财政返还。在业务真实合理的情况下，一般的筹划思路有这样几种。

（1）业务拆分，设立新公司，将原公司的业务迁移至在税收洼地注册的新公司以实现节税。

（2）业务分包，设立新公司，原公司业务可以通过业务分包形式转移给在税收洼地注册的新公司以实现节税。

（3）业务分流，在税收洼地成立分支机构，如分公司，将税负率较高的业务部分以业务分流的形式交由分支机构开展业务，实现节税。

在这里我们要注意，无论是业务拆分、业务分包还是业务分流，都必须要将业务真实地放在税收洼地开展。我们之前说过，我国税收洼地的概念绝对不等同于"离岸公司"，绝对不能以空壳公司的方式将"票"和"税"迁过去，真实业务却没有迁过去。一般来说税务机关最关注的就是企业有没有人，工资发放的主体、社保费缴纳的主体是否在当地。另外一个关注点就是通过企业资产情况判断企业是否具备开展业务的能力，比如一个生产企业，没有固定资产，税务机关就会判定这个企业没有生产能力。

3.7　税收优惠筹划思路

税收筹划是在法律许可的范围内合理减轻纳税人税负的经济行为，那么在法律许可的范围内，较为直接的筹划方式就是税收优惠。其实税收筹划是双方的选择，筹划方案的企业需要依法纳税，税务机关需要严格执法。企业在实际生产经营过程中，税收优惠是一种合法、较有效的节税手段，利用得当的税收筹划，可以最大限度为企业减轻税收负担、获取资金时间价值、实现涉税零风险、获得经济效益最大化。

3.7.1　厘清产品生产环节优惠政策的筹划

税收优惠的一大特点就是优惠环节的独立性，比如初级农产品免征增值税和企业所得税优惠仅针对种植、采摘、初加工，深加工就无法享受；增值税即征即退政策仅针对文件列举的产品。一个企业，哪怕其中间生产环节产出文件列举的产品，但最终产品不是文件列举的产品，那么也无法享受优惠。在这种情况下，业务拆分会让企业收获意想不到的效果。我们先来看下面的一个案例。

某海参加工厂生产即食海参，按照相关规定，企业海参经过高温蒸煮，应属于农产品深加工，不能享受初级农产品相关税收优惠。企业通过农产品收购从养殖户手中直接采购海参，采购价格占总成本的 40%；初加工环节，人工清理海参，支出占总成本的 30%；深加工环节，包括蒸煮、包装，支出主要为水电、设备折旧、包装物，占总成本的 30%。

按照之前的运营模式，原材料抵扣比例在 40%，深加工环节抵扣占 30%，初加工环节支出的 30% 无法抵扣进项税。

如果拆分业务流程，将初加工环节和采购海参环节拆分出来，成立一个新的公司，独立运行、独立核算、单独管理，新公司属于初级农产品加工企业，加工的产品仍属于初级农产品，开具的免税发票在深加工环节可抵扣进项税，这样就解决了在初加工环节人工支出不能抵扣的问题。

企业产品在生产周期当中，往往需要经历很多的环节，可能最终产品是应税产品，但是在中间环节产生的在产品或在服务也许符合税收优惠的条件，通过业务拆分就可以合理节税。

3.7.2　充分利用国家鼓励行业身份进行的筹划

税收优惠的另一大特点就是优惠个体的特定性，比如高新技术企业企业所得税优惠，仅针对具有高新技术企业认定资质的企业；软件企业企业所得税优惠，仅针对具有软件企业认定资质的企业。这类优惠，需要企业先具备资质再享受优惠，用好这个身份会使企业的税负大幅减轻。我们先看一个案例。

甲企业为以软件为拳头产品的集团性有限公司，业务范围涵盖软件、IT（信息技术）产品销售、互联网广告、网站设计等。母公司为软件企业，并取得证书，拥有员工 300 人，软件年销售收入为 20 亿元，其中自有软件收入占 95%；年研发费为 4 亿元，占销售收入的 20%；所有员工均为本科及以上，研发人员比例达 60%。其他 4 家子公司为一般企业，总计年销售收入为 3 亿元，员工均为本科以上，共有员工 80 人。

按照之前的模式，母公司可享受软件企业企业所得税 15% 的优惠税率，软件企业增值税即征即退、研发费加计扣除等税收优惠政策，整体税负率较低。2 家规模较小的子公司享受小型微利企业所得税优惠，2 家规模较大的子公司无任何优惠，按 25% 缴纳企业所得税。

软件企业有几个硬性的比例指标需要达到：签订劳动合同且具有大学专科以上学历的员工人数占企业当年月平均员工总人数的比例不低于 40%，其中研究开发人员占企业当年月平均员工总数的比例不低于 20%；当年度的研发费总额占企业销售（营业）收入总额的比例不低于 6%；软件企业的软件产品开发销售（营业）收入占企业收入总额的比例一般不低于 50%，其中软件产品自主开发销售（营业）收入占企业收入总额的比例一般不低于 40%。甲企业在各类指标上已经远远超过软件企业认定标准，哪怕把所有子公司业务合并也仍符合软件企业条件。

如果通过合并子公司，将 2 家按照 25% 缴纳企业所得税的子公司合并到母公司，在母公司统一管理、核算，母公司各类关键比例也仍然符合软件企业条件，子公司的业务部分税负将会大大减轻。

在发展的过程中，多元化经营以规避市场风险已经成了很多企业的选择，但是在一味追求集团化经营的同时而忽略税收优惠空间是得不偿失的。合并母子公司业务或者采取总分公司方式去进行税收筹划，是行业优惠身份筹划的主要手段。

3.7.3　税收优惠误用滥用，谨防越界

利用税收优惠进行税收筹划貌似非常简单，但是在实务中，企业的业务"千人千面"，在使用时一定要结合自身的经营情况，做好一个适用于自己的税收筹划方案。

以建筑企业为例，建筑设计环节增值税税率为 6%、建筑材料采购环节增值税税率为 13%、施工安装环节增值税税率为 9%（甲供材、清包工简易计税 3%）。

如果建筑甲、乙双方拆分签订合同，设计、采购、施工分开单独签合同，这种方式能不能节税呢？诚然从纸面上看是可以节税的。但是这种拆分如果是建立在甲、乙双方主体的基础上，那么一个项目，两个公司分别签订不同业务的合同，是不是避税的倾向过于明显？或者乙方成立 3 个企业分别和甲方签这个合同，乙方的企业 3 个牌子一套人马，这是否合理呢？

这些做法无疑是在挑战税务机关的"智商"，企业容易上"智商税"。拆分业务的目的仅仅是节税，其商业实质、业务合理性以及定价的公允性都可能受到质疑，从而会引发很大的税务风险。

3.8　典型的错误税务筹划方式

3.8.1　巨亏企业跨境并购税务筹划被要求补税

合理税务筹划需要在各个环节都做到事无巨细，在制定税收筹划方案

时，我们关注的关键点往往是那些能够做到成竹于胸的方面。下面我们就来看一个真实的案例。

境外 A 集团进行内部股权整合，转让境内全资子公司 M 公司股权（拥有房产、土地）给境内巨亏的全资子公司 N 公司，目的是使未来的转让所得与亏损对冲。A 集团第一次转让（重组实现盈亏互补），以 703 万美元，约合 4 500 万元人民币的价格将 M 公司 100% 股权转让给 N 公司，并将 N 公司更名为 Z 公司；A 集团第二次转让（真转让），将 Z 公司 100% 股权以 6 025 万元人民币转让给非关联 D 公司，D 公司更名为 G 公司。从表面来看，A 集团通过全资控股子公司之间进行重组再转让，这是一个非常漂亮的筹划方案，但是为什么会被要求补税呢？税务机关质疑该重组再转让的原因主要有两个。

原因一：税务机关认为，N 公司与 M 公司签订股权转让协议的时间，早于 N 公司取得 M 公司股权的登记时间，时间不符合营业常规。

原因二：税务机关认为，第一次关联股权转让采用平价转让，不符合独立交易原则。根据财税〔2009〕59 号，A 集团将其在 M 公司的股权转让给关联方 N 公司，明显不符合特殊性税务重组原则。

第一次股权转让的 703 万美元是平价转让价格。如果要符合特殊重组要求，这一步要达到 85% 的股权支付要求。由于 A 集团 100% 持股 M 公司和 N 公司的股权，在股权对价支付上很难达到这个要求，因为 A 集团不能自己给自己支付股权对价。

这是一个细节问题上出现状况，从而导致整体筹划方案没有成功的典型案例，很多表面看似顺理成章的税务筹划，往往败在一些常识性的细节上。本案例中特殊性税务条件"股权对价支付比例"是一个非常基础的税务筹划关键要素，正是因为在细节上没有把握清晰，最终导致结果偏离了筹划目标。

3.8.2　转变交易形态导致违法被查

税务筹划是事前服务模式的打造，本质上需要重构交易主体之间的基础法律关系，进而合法地确认收入性质、纳税性质和业务流程。而现在很多企业的税务筹划是建立在事后改造交易形态的基础上的，滞后的税务筹划方案在同样的筹划方式下，往往极易引发涉嫌虚开、偷逃税的后果。下面我们来看一个真实的案例。

A 平台系国内一家知名互联网知识分享平台，2020 年其与某高校 × 教授合作，邀请该教授录制国学系列课程。A 平台与 × 教授约定授课费用的支付方式为：固定劳务报酬＋课程销售提成。课程上线后在全国范围内大火，由于课程销售提成非常多，× 教授需要按照劳务报酬缴纳 45% 的个人所得税，且 × 教授需代开发票给 A 平台作为企业所得税税前扣除凭证。

A 平台想解决税前扣除凭证问题，同时 × 教授也需要降低自己的税费支出，双方一拍即合，共同找到北京 M 财税公司进行节税筹划。

节税方案是，北京 M 财税公司为 × 教授在某园区设立个体工商户，个体工商户实行个人所得税核定征收，个人所得税税负率为收入的千分之五，个体工商户与 A 平台建立服务合同关系，并向 A 平台开具增值税普通发票，这样 × 教授可以少交税，并且可以通过个体工商户直接套现，同时 A 平台也能取得税前扣除凭证。

2021 年，北京 M 财税公司因涉嫌介绍虚开发票被税务机关调查。在对 M 财税公司调查过程中，税务机关发现 × 教授将"个人劳务报酬"向"个体经营所得"转变交易形态，于是初步作出了个人涉嫌偷税、A 平台虚开发票的结论。

这是一个非常典型的事后转变交易形态的违法案例，关键点在于业务开始之初，平台与教授之间建立的是劳务关系，那么后续做什么筹划都改变不了业务的实质。如果一开始教授成立一家企业，教授作为股东，由企业与平台建立服务关系，那么这种事前筹划就是合理的，教授可以通过股东分红形式缴纳 20% 的个人所得税，合法节省个人所得税。切记，交易形态在事后是做不出来的，合法是需要事前设计的。

3.8.3 刻意"优化"业务结构造成的逃税案

之前我们一直在谈税务筹划要做好业务流程设计，业务流程设计是建立在对税法细致理解的基础上的，一个成功的税务筹划方案需要把握的基本原则就是：不要为了筹划而筹划，刻意的逃税是不可取的。我们来看一个在企业中普遍存在的案例。

A公司主要从事社区团购服务，客户群体为个人消费者。企业针对自身业务特点，在事前进行税收筹划，终于形成了一个既能激励员工，同时还可以减轻税负的税务筹划方案。对员工收入实行"保底工资＋提成"的方式，公司仅负责每月向员工发放保底工资，员工以个人微信或支付宝账户向客户收取团购费用，在员工与客户确认团购服务后，员工将收取款项的50%上缴公司，剩下50%作为提成留存。A公司按照取得的50%团购款确认收入并申报纳税，员工的收入，A公司按保底工资申报缴纳个人所得税。

A公司由于税负偏轻被预警，税务检查人员对其进行检查，检查时发现以下问题。

（1）税务检查人员通过A公司团购交易平台数据，发现平台成交金额与申报纳税收入严重不符，存在少计收入的问题。

（2）A公司存在未按照相关规定代扣代缴员工个人所得税的问题，员工50%的提成在个人所得税代扣时未进行申报。

税务稽查部门依据相关规定，对企业作出处罚决定，A公司需补缴增值税、企业所得税等各类税款50余万元，并处罚款25余万元。A公司补扣缴员工个人所得税10余万元，并处罚款5余万元。

该案例中的操作在实务中十分普遍，很多中小企业往往通过类似的业务流程设计来控制税负成本，但这种操作实际上已经违法了。业务流程设计一定要合法，不能通过掩耳盗铃式的刻意设计，去做一个"被查概率"高的筹划。

第 **4** 章
账上的财税风险管理

　　税务机关在发现涉税风险后，一个约定俗成的环节即"查账"，企业都避免不了。如果说"分"是学生的"命根"，那么账就是企业的"命门"，因为企业所有的经营成果基本上都体现在账上，账记得不自信对中小微企业来说是一种普遍现象，这也就是为什么现在大部分企业都害怕税务机关查账。在大数据管税的背景下，税务风险指标固然重要，需要我们牢固学习、掌握，但是我们要明白，账才是我们财税风险管理的基础，账都弄不明白又何谈风险防控。一个好的财务人员只有记出一本好账，才能够让企业最大限度地避免财税风险。本章我们就来谈谈账上的那些风险。

4.1　看似简单的进销存账务处理也有大风险

进销存的核算主要应用于商品流通企业和工业企业当中，商品流通企业的进销存是指从商品的采购到入库再到销售的动态管理过程。工业企业的进销存是指从原材料的采购、入库领料加工、产品入库到销售的动态管理过程。进销存在会计理论上很简单，在实务当中，一个财务人员需要得心应手地对进销存进行处理。风险往往发生在最不被注意的地方，进销存的账务处理不当也会产生非常大的税务风险。

4.1.1　自制凭证是证明业务真实性的重要标准

在原有"以票管税"的管理模式下，发票的真实性是税务机关和企业共同关注的一个要点，在发票电子化逐渐全面推行的今天，假发票基本上已经绝迹了，业务真实性在进销存的账务处理中所具有的地位就更为重要。我们先来看一个财务人员成功应对税务检查的案例。

A公司主要从事建材批发业务。由于建材价格变动较大，为了方便采购人员在价格较低时能够及时购进原材料，该公司规定采购人员可从公司先行借款，通过个人银行卡支付货款，货品采购完成后，由采购人员凭采购合同、发票等凭据到财务处报销，多退少补。某日，税务稽查人员通知A公司接受税务稽查，理由为A公司于2022年3月收到的10张增值税专用发票涉嫌虚开，发票价款1 000万元，涉及进项税款130万元。

A公司总经理在税务稽查之前，对企业进行自查，发现采购人员小王购入的一批钢材的采购款支付给了M公司，但是合同和发票是从E公司取得的，因为是个人银行卡支付，A公司并不了解这个情况。E公司被定性为虚开发票，因此A公司被查。

A公司财务人员小李，工作比较认真，进货环节入库单记载清晰，验收货物的磅单留存完整，虽然运费由卖房承担，但是小李还是要求库管人员在货物入库时留存货物运输单据，并详细记载运输车辆信息。该批货物已经销售，出库单、运输记录、收款记录记载清晰。

税务稽查在对 A 公司检查时，由于小李账簿记载清晰，核实运输等环节的真实性，可以证明 A 公司进货业务是真实存在的，销售环节是真实的，因此根据相关规定认定 A 公司为善意取得虚开发票，转出进项税，免于罚款。

A 公司在税务稽查期间，联系 M 公司，要求对方签订合同并开具发票，M 公司为 A 公司真实开具了增值税专用发票，A 公司及时取得真实业务的进项发票，因此仅就取得虚开发票税款部分缴纳按日万分之五的滞纳金。

业务的真实性除购货发票外，还应有采购单、购销合同、运输记录、验收报告、入库单、出库单、盘存记录等自制凭证支撑。税务在检查时，都是需要纳税人举证的，只有这些凭证能够形成完整的证据链条，才能够被税务机关认可和采信。案例中的财务人员小李处理相对比较专业，在自制凭证方面尽自己最大的努力制作、搜集齐全，保证了业务链条完整，如果没有这些自制凭证，A 公司很难在检查中自证清白。

4.1.2　暂估入账不可"任性"处理

"暂估入账"是一种实质重于形式的会计处理，根据企业会计准则的规定，对于已验收入库的购进商品，但发票尚未收到的，企业应当在月末合理估计入库成本（如合同协议价格、当月或者近期同类商品的购进成本、当月或者近期类似商品的购进成本、同类商品同流通环节当期市场价格、售价 × 预计或平均成本率等）暂估入账。在企业日常的进销存处理中，"暂估入账"是一种常见的处理方式，但是有很多企业会计因为滥用这种处理方式被稽查，我们来看一个真实的案例。

×× 医疗有限公司为营利性医疗结构，2021 年采购药品和医用材料等物品入库时，为了减轻税负，进货价格为 1 000 万元的物品，暂估 1 300 万元入账并挂应付账款，发票未到未支付货款，2021 年 12 月底该企业在取得发票后，支付货款，并冲减应付账款。

至当年企业所得税汇算清缴期结束前取得发票1 000万元，多暂估部分的300万元未取得发票。上述购进物品都已经消耗，已全部在领用当月结转主营业务成本。未在当年企业所得税汇算清缴时做纳税调整。

税务机关通过税收大数据分析企业主营业务成本构成，发现企业进货取得的发票总金额与主营业务成本偏差达到40%，存在较大风险，决定对其进行稽查。检查中，税务机关发现该企业通过虚增暂估成本的方式多扣除成本300万元，编制虚假计税依据，对其作出补缴企业所得税75万元，并处罚金37.5万元的决定。

暂估入账不是不可以，但是要在汇算清缴结束之前（一般为次年的5月31日）取得相关的发票才可以税前扣除，如果当年无法取得，在以后的5年内取得也可以通过纳税调整进行扣除。但是若暂估入账处理不当，在大数据分析面前必定没有隐藏的可能，除了与发票数据比对会产生差异以外，还会引起销售毛利率、存货周转率、成本费用利润、净利率等财务指标的预警，这么多的异常指标的产生，必然会造成企业财税风险飙升。

4.2　成本核算的账务处理不当的风险

成本核算是成本管理的重要组成部分，其准确性与企业税务风险紧密相关。成本核算的料、工、费等各成本要素构成企业产品和服务的最终价值实体，体现产品生产流程和各关键工序的耗费情况。在税务管理上，企业期末在库、在途和在加工的各项存货的价值均体现在资产负债表"存货"项目上，因而税务机关通常会分析"存货"项目的相关指标，进而判断成本核算是否存在涉税风险，延伸一些也可通过成本与收入、费用、利润的比对去分析涉税风险。

4.2.1　"高明"的账务处理造成的税务风险

在展开谈成本核算的税务风险之前，我们先来看一个案例，这个财务人员的做法不可谓不"高明"。

J企业为农产品加工企业，生产的产品分为深加工应税产品和初加工免税产品，企业2021年企业所得税汇算清缴申报收入1亿元，成本7 000万元，纳税调整前营业利润为1 000万元，纳税调整后营业利润为200万元。税务机关通过大数据分析发现，该企业2021年开具免税发票3 000万元，开具应税发票7 000万元，免税收入占整体收入的30%，但是纳税调整后利润却下降了80%，这引起了税务机关的重视，并就此疑点开展稽查。

在稽查过程中，税务检查人员通过检查账簿逐渐发现了问题。企业成本构成主要有原材料、人工费用、设备折旧、辅助制造费用，其中原材料，应税部分和免税部分分开核算，但是财务人员将人工费用、设备折旧、辅助制造费用全部计入应税产品成本中。

在进一步调查中，税务检查人员发现，企业生产的初级农产品为速冻蔬菜，生产速冻蔬菜有速冻生产车间，有专用生产设备和专门的生产人员，其计入应税产品部分的人工费用、设备折旧、辅助制造费用有300万元应计入免税产品成本中。

企业通过成本核算分摊本应由免税产品承担的成本到应税产品成本中，造成300万元利润通过应税产品进行减免，由于违法行为具有主观故意，所以税务机关以虚假编制计税依据为理由，对企业作出补缴企业所得税75万元的处罚，并处偷逃税款2倍150万元的罚款。

企业所得税分为税基减免、税额减免和税率减免，税基减免又分为收入减免和所得减免。初级农产品在企业所得税管理中属于税基减免中的所得减免，企业财务人员"巧妙"地将盈利大幅转入免税产品，以降低应税产品部分利润，手段确实非常"高明"，但是在大数据管税下，企业申报的每一个数据都在税务的监控下，指标变动异常势必会引发风险预警，这个不是靠在账上动手脚就能避免的。

4.2.2　成本为零的"吃亏"核算方式有哪些风险

近几年，企业发现在企业所得税年度申报时，营业收入、营业成本填写为 0，在政策风险扫描时会出现风险提示，很多财务人员对此很困惑：都说毛利率低才有风险，毛利率都 100% 了，怎么还出现风险提示？风险是什么呢？税务系统针对这个风险并没有给出原因，那么下面我们就一起来看看，营业成本为 0 存在什么风险。

这个还得从会计的基本原则谈起，我们都知道会计的基本原则当中有收入成本配比原则。收入成本配比原则包含了三个层面的含义：某产品的收入必须与该产品的耗费相匹配；某会计期间的收入必须与该会计期间的耗费相匹配；某部门的收入必须与该部门的耗费相匹配。现在很多财务人员，特别是服务行业的财务人员，习惯性地将发生的费用全部计入期间费用，营业成本计为 0，这是一种违反会计基本原则的非常规做法，会引起税务机关的关注。

我们再来谈谈税务上的风险。我们都知道期间费用可以在当期扣除，不过计入物品和服务的营业成本就不一定了。

比如一家宾馆，2021 年 12 月购入一次性洗护用品 5 000 套，当月消耗 500 套，宾馆财务人员将 5 000 套一次性洗护用品的采购费用作为管理费用在 2021 年计算企业所得税时全额扣除，显然这种财税处理是有问题的，一次性洗护用品是在客人入住时耗用的，根据收入成本配比原则，在收入发生时才能按实际耗用量计入营业成本。

这种处理会造成费用提前扣除，少交税款。

近几年，税务机关的风险事前提醒工作做得越来越细致，在企业存在风险隐患时就会提醒企业存在什么风险，所以财务人员在遇到这类风险提示时要格外注意。

4.2.3　成本自制凭证要有底线

在成本核算中，自制凭证占非常大的比重，如耗料单、成本计算表、材料费用分配表、动力耗用分配表、工时分配表等，自制凭证的质量取决于企业相关人员的素质。自制凭证做得好会是企业应对税务风险的一道严密的防火墙，做得不好就可能是企业走向深渊的催化剂。

现在的中小微企业，未开票收入不入账的现象或多或少都存在，更有一些企业将未开票收入对应的购货成本，一分不落地全部计入开票收入的成本中，而成本自制凭证出现成本倒挤、虚增等问题更是常见，这里面蕴含着巨大的税务风险，需要我们重点关注。下面我们来看一个案例。

A 企业为家居生产企业，销售渠道主要为家居卖场和网络直销，家居卖场部分开具发票，网络直销部分的消费者主要为个人，不需要开具发票；进货渠道非常正规，所有材料、零件均能取得进项发票。企业对于未开具发票部分没有申报收入。财务小张怕企业存货较大引起税务机关的注意，因此在制作成本计算表时，增加了原材料耗用。税务机关通过大数据比对，发现企业进票多、销票少，没有未开票收入，存在税收风险，因此开展稽查工作。

稽查过程中，税务检查人员在查看成本账时发现，A 企业一张成本计算单上记载的一个凳子耗用螺丝 100 个，这显然不符合业务常规，进而对成本进行了详细核查，发现企业隐匿未开票收入、人为虚增成本以降低存货预警风险，税务机关对其作出补税并缴纳罚款的处罚。

真的假不了，假的也真不了，自制凭证作为企业自己制作的凭据，具有很强的操作弹性，但是企业要知道成本核算必须符合业务常规，自制凭证的制作要有一个底线。认为"自制凭证对应了发票"就没事的想法是不可取的，否则只会加速风险点的显现。

4.3　凭证处理要规范

凭证是企业做账、纳税的重要证据，凭证包括发票等有效的原始凭据，详细单据、清单，员工报销的票据，签订的合同，运输单据等。每一个财务人员在处理凭证时，一定要保存完整、处置规范、记录详细，因为一旦发生凭证丢失、漏记、错记等情况，往往可能会引发一些税务风险。

4.3.1　期间费用凭证的处理

期间费用包含管理费用、销售费用和财务费用，期间费用一直是税务机关关注的重点，在凭证处理方面要关注凭证的真实性、合理性，以下 3 个凭证处理的要点、关注点和规范点大家要着重注意。

（1）差旅费只有报销单没有审批单。差旅费一般会计入管理费用或销售费用，正确的处理方式是出差前先签出差审批单（注明出差地及目的），出差完成后，报销单后附出差审批单、客运单据、住宿发票等相关资料报销。在差旅费较大时，正规处理可避免很多核查风险。

（2）有车辆维修费、油票入账，但是企业账上没有汽车或汽车数量少。一个企业取得大量车辆维修费发票或油票，但账上没有汽车或有汽车但是与费用发生不匹配，这些都会触发税务风险。这时我们要注意，如果是私车公用，个人汽车租赁给公司一定要签订合同并取得税务机关代开的发票，这样油费、过路费、汽车维修费就可以入账，进而排除风险点。

还有一种情况就是，运输企业有挂靠车辆未入账，造成运输企业费用支出与收入不匹配。这种处理风险较大，因为挂靠车辆往往自行开展业务，运输企业只收取管理费或开票费，对运输企业来讲业务真实性完全靠挂靠车辆的票是不是真实。建议此类情况，运输企业与挂靠车辆签署挂靠或承包经营协议，挂靠车辆可以以挂靠或承包身份办理临时税务登记，即通过独立纳税实体纳税。

（3）广告费只有发票和合同，没有广告样本等证明材料。广告费在企业所得税方面是限额扣除的，所以税务部门对广告费的关注度较高，广告费入账除了附合同、发票以外，最好附广告发布的照片，纸质媒体、电子媒体截图等相关证明材料，以及相关支出凭证、验收报告等。

期间费用涉及的凭证种类异常复杂，但是就其本质而言，期间费用凭证要做到以下三方面才是规范的。首先，税务扣除凭证合规，即取得正规发票、签署正规合同；其次，取得业务真实性证明，包括但不限于各类领用单、审批单、成果证明等；最后，业务关联证明，以车辆保险为例，有车辆保险支出，企业得先有车辆，且与固定资产账要能关联上。

4.3.2　在建工程凭证处理

在建工程是企业固定资产在建设期，未达到预定使用状态之前使用的过渡性科目。企业的在建工程在转固定资产之前如果按照规定已取得全部发票，则账务处理相对简单，通常需要工程建设过程中的发票、拨款单据等原始凭证，如果以上单据已经附在在建工程入账时的凭证后面，则结转到固定资产时可以附上决算相关资料（如验收报告、质量检验报告、工程造价审计书等）。

但是在实务当中，很多企业往往在固定资产达到预定使用状态后，无法及时取得发票，因此就会涉及在建工程的暂估转固定资产，这里要注意清分已取得发票部分和未取得发票部分，因为未取得发票部分的固定资产原值产生的折旧是不允许税前扣除的。

在建工程暂估转固定资产，对税收凭证的要求更为严谨，否则会产生税务风险，一般来说需要这些凭证。

（1）工程决算相关资料。这个是非常重要的，确定了在建工程的最终造价。

（2）工程相关合同复印件，包括所有计入在建工程的材料物资、工程费用等的相关合同。

（3）发票清单，分清已取得发票和未取得发票暂估入账部分。如果暂估部分合同中没有明确金额，可以适用项目决算单、收入确认表等相关证明材料证明暂估金额的真实有效。

（4）工程验收资料。这个是证明在建工程达到预定可使用状态的重要材料。

（5）固定资产（暂估）成本计算表。

4.3.3　关于凭证规范的总结

国家税务总局发布的《企业所得税税前扣除凭证管理办法》（国家税务总局公告 2018 年第 28 号）中的对税前扣除凭证的规定，是财务人员在规范凭证管理上需要重点关注的。

税前扣除凭证在管理中遵循真实性、合法性、关联性的"三性统一"原则，且必须取得合法有效凭据方可税前扣除。真实性是基础，如果企业支出不具备真实性，自然也就不涉及税前扣除的问题。合法性和关联性是核心，只有当税前扣除凭证的形式、来源符合法律、法规等相关规定，并可以证明与收入相关联时，才能作为企业支出在税前扣除的证明资料。

有很多财务人员都认为"发票是税前扣除的唯一有效凭证，'白条'入账是绝对不可取的"。这种看法有失偏颇，合法凭据是指企业记账所依据的原始凭证，如经济合同、收付款单据、收发货单据等，其中，属于增值税应税范围的业务需要开具增值税发票，行政收费的需要开具财政厅监制的票据，除此之外的业务则不需要开具发票。比如，企业支付的拆迁补偿费、企业支付法院判决的赔偿款。

那么，有了正规发票就一定能税前扣除吗？也不尽然，国家税务总局公告 2018 年第 28 号规定，企业应将与税前扣除凭证相关的资料，包括合同协议、支出依据、付款凭证等留存备查，以证实税前扣除凭证的真实性。从这里我们就可以看出，除了发票，合同协议、支出依据、付款凭证、法院判决文书等相关资料同样重要，切记一定要收集完整并妥善保存。

4.4　账务处理不能与税务处理混为一谈

财税作为一个名词，连在一起读是不可分割的，但是分开财务与税务来谈，两者在处理上是不一样的，财务处理应该按照会计准则的要求来做，而税务处理则应遵循税法及相关文件的规定，这也就是为什么会有"税会差异"一说，如果弄不明白如何处理财务与税务的关系，产生的税务风险将会很大。

4.4.1　我这么"听话"怎么还被查

小王是一家企业的财务人员，工作起来非常认真，出于对税法的敬畏之心，他在记账时时刻查询税法的相关规定，严格按照税法的规定去记账。在处理一笔销售房产的账目时，他将处置房产的收入计入其他业务收入，将房产折旧后的余值计入其他业务成本，该房产转让价格低于房产折旧后的余值。房产转让产生了很大的亏损，因此本季度企业的营业成本略高于营业收入。税务风险大数据出现预警，税务人员遂对其进行核查。

税务人员在检查中发现，企业之所以出现营业成本大于营业收入的情况，是因为处置固定资产在会计上应通过固定资产清理程序进行，处置损益归集到营业外收入或营业外支出，而不是通过确认收入、成本去核算，企业本身在纳税环节没有什么问题，疑点完全是财务人员小王错误的会计核算造成的。

税会差异本身是一个非常正常的存在。比如房产企业在预售房产环节，会计处理是计入预收账款不确认收入，但是税务上是要求按照预收款交税的；再比如企业发生非货币性资产交换，以及将货物、财产、劳务用于捐赠、偿债、赞助、集资、广告、样品、职工福利或者利润分配等用途，会计上要求据实核算，但是税务上需要视同销售；又比如研发费加计扣除，会计上要求研发费发生多少据实扣除多少，税务上则可以按照 100% 加计扣除。

财务人员在财务核算上一定要遵循会计准则，税法规定与会计准则规定不一致时，可以通过纳税调整的手段去处理。

4.4.2 不同的账务处理带来不同的税务结果

账务处理不等同于税务处理，但是税会差异的存在，会使得不同的账务处理方式带来不同的税务结果。我们先来看下面这个案例。

甲企业为每个员工每月发放工资 4 000 元、交通补助 1 000 元。企业有员工 30 人，会计小王认为企业距离市区较远，交通补助具有福利性质，因此账务处理为：

借：应付职工薪酬——工资   120 000

     ——福利费   30 000

  贷：银行存款   150 000

这个账务处理是没有问题的，但是会计小王却忽略了一点，福利费在企业所得税上是按照工资总额的 14% 限额扣除的，也就是说在这种处理方式下，每月发生的 30 000 元福利费，只能够税前扣除 16 800（120 000×14%）元。交通补助可作为一种福利性质的支出，同样也可以作为工资总额中的补贴，如果将交通补助并入工资总额，那么就不存在这种差异。

接上例，其他条件不变，企业向班车公司支付费用，为员工提供免费班车，交通补助 1 000 元变为班车费用，企业同样可以将交通补助发放给员工，让员工自行缴纳班车费用，以达到理想的筹划效果。

从上例可以看出，在账务处理时，一定要关注税会差异的点在哪里，当会计准则与税法规定不一致时，要慎重地论证会计处理会给纳税带来什么影响。

同样我们在记账时还要考虑税率差的问题，不同的账务处理，也会产生不同的纳税结果。

比如，租赁汽车，如果只租车就是有形动产租赁，税率是 13%，如果租车配司机就是交通运输服务，税率是 6%；在酒店开会，如果只租赁场地就是不动产租赁，税率是 9%，如果租赁场地加酒店配套服务就是会议展览服务，税率就是 6%；酒店外购食品直接外卖就是销售货物，税率是 13%，自己加工的食品外卖就是餐饮服务，税率是 6%；出租库房，没有仓库管理人员就是不动产租赁，税率是 9%，配备仓库管理人员出租就是仓储服务，税率是 6%。

4.4.3　不要将账务风险带给税务

现在的企业，特别是中小微企业普遍存在着一些共性问题，比如库存管理混乱、资金管理混乱、收入确认混乱等。企业的财务人员，特别是代账会计，对企业的整体运行情况并不了解，因此对自己做的账总觉得有一些不确定，企业的管理者更是没有能力对账务进行管理，正是这种财务运行状态往往给企业带来了极大的税务风险。我们来看一个真实的案例。

有一家企业在盘点存货的过程中，发现实际存货价值为 100 万元，但是账上的存货价值却达到 1 000 万元，管理者在得知这个消息后大吃一惊，后经过了解，发现企业入库、出库和对外开具发票均由本企业的库管兼内勤管理，记账和报税由代账会计负责，库管和代账会计之间仅就进销发票进行交接，因此代账会计按照开票收入记账、报税，而未开票部分未计收入。面对如此大的"亏空"，管理者顿时后悔当初没有重视，紧急找专业的会计师事务所对企业账簿进行整理，并上报税务机关自查整改，经过一个多月的努力，终于将账簿规范，并将漏交税款和滞纳金补齐。由于补救及时，主动整改，税务机关没有对其进行罚款。

这是非常典型的因账务处理不当造成的税务风险，幸好这家企业的管理者的警惕性较高，及时发现了问题，才没有将风险和问题扩大。实务中，中小微企业的员工大都一人兼任多职，管理上并不完善，财务上多以代账为主，财务的抗风险能力较弱，一般很难主动发现账务风险。

账务风险俨然已经成为企业内控中较薄弱的环节，企业应该从管理者抓起，提升财务风险意识，学习基本的税务知识，把控税务风险。

4.5 "两套账"的涉税风险

在"以票管税"的税收管理体制下，企业做一套外账应付税务局、银行等外部机构，再做一套内账为管理者算清楚实际赚了多少钱，记载一些不方便在外账体现的业务。"两套账"几乎伴随了某一代企业家的发展历程，但现在随着大数据管税时代的来临，数字化监管体系的不断完善，税务大数据风险指标越来越完善，"两套账"将再也没有存在的空间了。

4.5.1 大数据管税背景下，"两套账"已无生存空间

"金税四期、以数治税、税银信息互换、电子发票、多部门联合执法、多部门联合信用惩戒、税警联合执法、社保入税、税务征收地方非税收入、市场监督与税务数据部门联通、大数据风险分析、区块链技术……"这些名词在近些年不停地出现在我们的生活中。在金税三期上线时感觉这些东西还离我们很远，但是在"以数治税"的概念被提出后，我们发现这里面的很多东西已经逐渐应用到了实践中。

政府跨部门之间的监管网络体系已经成型，并开始试探性地搭建。税务部门监管这几年的变化也越来越大，很多有心的企业应该已经发现，税务部门的检查和稽查基本上都是带着数据、带着问题来的，再也不是以前那种先看账再找问题的模式了，其实这就是税务风险管理已经由以前的"人查、账查"过渡到了"大数据比对"。

"两套账"本来就是假账，在这种大数据管税的监管体系之下，相信没有哪家企业可以自信地说自己的"两套账"可以以假乱真，根本就不怕大数据的比对。其实在"以票管税"阶段，只是数据抽取没有现在方便而已，并不是查不出来。比如之前税务机关曾经利用"滞留票"，就是没有认证的发票数据，通过进销比对就可以轻易地分析出企业是否存在"两套账"，在大数据时代，包括发票一类的税务信息全部电子化，"两套账"涉税风险已经不是"高"那么简单了，而是"两套账"根本无处遁形。

合规地处理账务已经是一个必然的趋势，合规经营企业才能走得更远。

4.5.2　信贷、纳税"两套账"的风险

会计信息失真在各个领域已经是一个普遍性的问题，不夸张地说，80%的企业在贷款时提交的财务报表都与提交给税务部门的不完全一致，究其根本还是因为利益。因为企业向银行贷款需要良好的利润水平、优良的资产情况，银行不可能给一个常年亏损、资不抵债的企业贷款，所以企业要千方百计地给银行提交一份完美的财务报表。在税务上，企业会"逆向操作"，千方百计地增加成本，减少利润，以实现税收支出最小化。

银行与税务部门在贷款领域已经开始合作。我们熟知的"银税互动"就是银行和税务部门联网开展合作的开端，在"银税互动"统一工作平台上，银行和税务部门实现数据共享，税务部门向银行提供包括企业纳税信用等级、纳税情况、财务情况等贷款所需信息，银行为纳税信用等级 B 级及以上的中小微企业提供贷款服务。

改革往往是以比较容易的服务作为开端的，银行和税务部门在"银税互动"服务中探索出了一种行之有效的数据共享方式，为后续银行与税务部门的风险信息共享打下了基础。根据中办、国办下发的《关于进一步深化税收征管改革的意见》文件的精神，在较短时间内，税务部门与银行数据的全面打通是一个必然的趋势。以后企业贷款时给银行提供一套报表，报税时给税务部门提供另一套报表，这种情况一旦出现，税务部门就会快速地定位企业的风险，对企业隐匿收入的核查恐怕是少不了的。

4.6　个体工商户建账的标准和规范

谈到个体工商户，我们下意识地就认为是不用建账的，市场上也有很多的税务筹划产品，大力宣传在某地注册个体工商户可以享受核定低税率。这些想法和说法虽不是空穴来风，因为有个体工商户核定征收的法律依据，这

就是《个体工商户税收定期定额征收管理办法》（国家税务总局令第 16 号，以下简称"16 号令"），但是不是有了这个依据，个体工商户就可以进行核定征收了呢？下面我们来共同探讨。

4.6.1　个体工商户建账的标准

很多人在税务文件的理解上都有"管中窥豹，可见一斑"的问题，诚然 16 号令规定了个体工商户可以核定征收，但是 16 号令后紧接着就发布了《个体工商户建账管理暂行办法》（国家税务总局令第 17 号，以下简称"17 号令"），对个体工商户建账标准做了详细的规定。

17 号令的第三条明确规定了符合下列情形之一的个体工商户，应当设置复式账。

（1）注册资金在 20 万元以上的。

（2）销售增值税应税劳务的纳税人月销售（营业）额在 40 000 元以上；从事货物生产的增值税纳税人月销售额在 60 000 元以上；从事货物批发或零售的增值税纳税人月销售额在 80 000 元以上的。

（3）省级税务机关确定应设置复式账的其他情形。

17 号令的第四条明确规定了符合下列情形之一的个体工商户，应当设置简易账，并积极创造条件设置复式账。

（1）注册资金在 10 万元以上 20 万元以下的。

（2）销售增值税应税劳务的纳税人月销售（营业）额在 15 000 元至 40 000 元；从事货物生产的增值税纳税人月销售额在 30 000 元至 60 000 元；从事货物批发或零售的增值税纳税人月销售额在 40 000 元至 80 000 元的。

（3）省级税务机关确定应当设置简易账的其他情形。

个体工商户建账是有标准的，核定也不是随随便便的，企业看税务文件不能光看对自己有利的一面，要全面理解文件的所有内容。

4.6.2　大数据管税背景下个体工商户未必核定征收是趋势

国家税务总局在 2022 年发布了《关于推出 2022 年"我为纳税人缴费人办实事暨便民办税春风行动 2.0 版"的通知》，其中明确指出要规范核定征收管理，引导纳税人从核定征收向查账征收方式过渡，依法处理部分高收入人员分拆收入、转换收入性质、违规利用核定征收逃避税问题，促进市场主体健康发展。

这是不是意味着国家要取消个体工商户的核定征收了呢？从目前各地对个体工商户核定征收的管理上看，个体工商户从核定征收过渡至查账征收，虽不一定会立即执行，但肯定是大势所趋。

个体工商户核定征收是一个特定历史时期的产物，是税务部门在征管力量有限的情况下，不得不采取的方式。因为在"以票管税"的时代，有手写发票、机打发票、税控发票、手撕发票，纷繁复杂的发票中能够产生绝对真实数据的只有税控发票，所以增值税从生产环节到终端消费环节，发票流向数据很难关联上，个体工商户大部分为消费终端，其征管难度可见一斑。

在发票电子化全面实施后，所有发票都需要通过税务总局的增值税发票服务平台开具，在电子底账的大数据功能加持下，一个产品从生产到终端消费的发票流向全在系统的监控下，哪个环节断了，哪个环节没纳税可以说一目了然。在这种情况下，税务部门通过优化风控数据，用数据进行管理，自然也就不存在征管力量不足的问题，税务部门对大部分个体工商户实行查账征收因此也就具备了可能。

第 **5** 章
案例解析纳税申报环节的风险管理

　　纳税申报是纳税人的义务，纳税人需要定期向税务机关报送财税数据。在大数据管税的背景下，纳税人报送的数据对税务机关来说，是一个大数据搜集的过程，税务机关通过申报数据结合发票数据、政府部门数据、银行数据、第三方数据的分析比对，能够形成完整的大数据风险分析指标。在税务机关掌握的众多数据中，只有纳税申报数据是企业能够自行掌握的。在"以数治税"时代，企业每一个申报数据的不严谨，都可能会给自身带来税务风险。

5.1 企业间、民间的资金借贷扣除问题

近些年，我国金融机构的放贷政策逐渐收紧，但是企业对资金的需求量却在逐年增加，信贷市场的供大于求，催生了民间借贷的疯狂扩张。现在民间借贷的范围越来越广，总量越来越大，形式也趋于多样化。对于有资金需求的企业来说，民间借贷虽然可以解"近渴"，但是如果对民间借贷的法律关系不了解，那么在税务处理上就会存在很大的潜在风险。下面我们就一起来了解企业间、民间资金借贷应该注意什么问题。

5.1.1 企业间借款，利息高于金融机构贷款利息部分被调整

某商贸企业 2021 年接到一个 1 亿元的订单，但进货资金短缺 5 000 万元，需通过贷款方式解决。受企业规模限制，商贸企业只能从银行获得 3 个月的短期贷款 2 000 万元，年化贷款利率为 6.8%，到期支付利息 34 万元。余下的资金缺口商贸企业从另一家生产企业借入，约定使用资金 3 个月，年化贷款利率为 20%，到期支付利息 150 万元。该商贸企业在 2021 年企业所得税年度申报时，扣除了发生的财务费用 184 万元。

税务机关通过大数据分析，发现该企业季度资产负债表列支短期借款 5 000 万元，与发生的财务费用比对，企业贷款利率达到 14.72%，贷款利率指标偏高，遂对其进行检查。检查期间发现，商贸企业存在向非金融机构贷款，且除银行贷款利率证明以外，无法提供其他非金融机构贷款利率证明，于是税务机关要求该企业向生产企业借款高于银行贷款利率发生的利息 99〔3 000×（20%-6.8%）÷12×3〕万元进行纳税调增。

税务机关在管理非金融企业之间借款利息扣除时，基本的法定依据是《中华人民共和国企业所得税法实施条例》第三十八条，非金融企业向非金融企业借款的利息支出，不超过按照金融企业同期同类贷款利率计算的数额

的部分，只要与取得的收入有关且合理，准予扣除。那么这里的筹划空间又在哪里呢？

我国的金融机构分为四类：第一类，中央银行，我国的中央银行即中国人民银行；第二类，银行业金融机构，包括政策性银行、商业银行、银行业专营机构；第三类，非银行金融机构，主要包括国有及股份制的保险公司、证券公司（投资银行）、财务公司、第三方理财公司等；第四类，在中国境内开办的外资、侨资、中外合资金融机构。

筹划空间就在于各金融机构的贷款利率是不尽相同的，比如小额贷款公司的贷款利率可能达到24%。企业所得税法实施条例中只规定了金融机构的概念，并没有特指金融机构就是银行，如果借贷前能够获取金融机构相对较高的贷款利率证明，就可以最大限度地扣除利息费用。

接上例，其他条件不变，该商贸企业向银行贷款 2 000 万元，向生产企业贷款 2 990 万元，向小额贷款公司贷款 10 万元，小额贷款公司的贷款利率为 22%，那么该企业与生产企业约定的 20% 利率就低于金融机构贷款利率，利息可以全额扣除。

5.1.2　反资本弱化和利润转移的处理方式需谨慎

A 企业注册资本为 1 000 万元，全部已实缴，股东甲占股比例为 60%。2021 年 1 月 A 企业向股东甲借款 3 000 万元，约定借款期限 1 年，年利率 18%，股东甲就收到利息开具发票给 A 企业。我们来看一看，A 企业向股东甲支付的利息能否全额扣除。

《财政部　国家税务总局》关于企业关联方利息支出税前扣除标准有关税收政策问题的通知》（财税〔2008〕121 号）规定，计算企业所得税时关联方利息扣除应当同时满足两个条件。

（1）企业能够按照税法及其实施条例的有关规定提供相关资料，并证明相关交易活动符合独立交易原则；或者该企业的实际税负不高于境内关联方。

这个条件税务机关很难去界定，在实务当中，除了跨境关联交易很少使用。

（2）非金融企业实际支付给关联方的利息支出，其接受关联方债权性投资与其权益性投资比例不超过2∶1计算的部分，准予扣除，超过的部分不得在发生当期和以后年度扣除。

在实务当中，这是一个看得到、摸得准的条件，税务机关也较喜欢在这取得突破。

接上例，按照文件规定，我们来计算一下A企业向股东甲借款不允许扣除的利息是多少。

股东甲的权益性投资 =1 000×60%=600（万元）；

按照2∶1的比例计算可扣除的利息 =600×2×18%=216（万元）；

不可扣除的利息 =3 000×18%-600×2×18%=324（万元）。

另外财税〔2008〕121号规定，企业如果能够按照税法及其实施条例的有关规定提供相关资料，并证明相关交易活动符合独立交易原则的；或者该企业的实际税负不高于境内关联方的，其实际支付给境内关联方的利息支出，在计算应纳税所得额时准予扣除。实务中，独立交易原则很难提供相关证明；关联方税负方面，个人关联方税负肯定会小于企业关联方税负。

企业在进行税收筹划时，关联方之间的借款筹划空间并不大，但是极易产生税务风险，因此一定要规避其中的风险，尽量在可控范围内进行操作。

5.1.3　向自然人借款，手续齐全仍然被查

M企业为粮食加工企业，为解决收购资金困难的问题，与100家农户签订种植合同，合同约定每户农户出资5万元从M企业购入种子（市场价格为1万元），M企业承诺在收获季节以高于市场10%的价格收购农户产出的粮食，只要农户到季所产粮食全部供应给M企业，M企业承诺将种子销售价格高于市场价格的4万元购种款退还给农户。

M企业在收购粮食时，由于与个别农户产生纠纷，高价卖种行为被农户

举报至公安机关，而后法院以非法集资罪对 M 企业定罪。税务机关在获取该信息后，认为 M 企业的行为在签订合同之初是为了解决资金问题，通过这种方式从农户手中筹集 400 万元的资金，后续以高于市场 10% 的价格收购粮食，10% 的部分实质上是一种利息支付，根据相关规定，要求 M 企业就 10% 的支出部分进行纳税调增。

《国家税务总局关于企业向自然人借款的利息支出企业所得税税前扣除问题的通知》（国税函〔2009〕777 号）中有关企业向自然人借款利息税前扣除的规定如下。

企业向除第一条规定以外的内部职工或其他人员借款的利息支出，其借款情况同时符合以下条件的，其利息支出在不超过按照金融企业同期同类贷款利率计算的数额的部分，根据税法第八条和税法实施条例第二十七条规定，准予扣除。

（1）企业与个人之间的借贷是真实、合法、有效的，并且不具有非法集资目的或其他违反法律、法规的行为。

（2）企业与个人之间签订了借款合同。

向自然人借款，一定要注意不要被定性为非法集资等违反法律、法规的行为，而且一定要签订借款合同，并要求自然人开具发票。

向自然人借款产生的利息筹划空间也就有了，国税函〔2009〕777 号提及：其利息支出在不超过按照金融企业同期同类贷款利率计算的数额的部分，根据税法第八条和税法实施条例第二十七条规定，准予扣除。那么我们就可以参照获取金融机构利息证明的方式去筹划。

5.2　营业外支出引发的涉税风险

营业外支出是指企业发生的营业利润以外的支出，主要包括：非流动资产毁损报废损失、公益性捐赠支出、非常损失、盘亏损失、滞纳金、罚款等。从字面理解营业外支出，就是企业偶然的、不经常发生的业务产生的支出。税务机关这些年对营业外支出的关注度相对较高，因此企业在经营过程中要重点关注该科目的核算。

5.2.1 "损失避税"是不可行的

A公司为一家生产熟食的企业，税务机关通过企业所得税敏感指标分析，发现A公司营业外支出金额较大，且每年报送的存货损失较为均衡，决定对其进行风险应对检查。

税务人员在检查过程中发现，A公司以产品过期为由，将3种产品列入存货损失产品，损失确认时间集中在节假日前后。税务人员发现该3种产品的存货周转率很高，从账上看没有库存积压，不应该存在过期产品。后税务人员翻阅企业出入库单据，发现A公司经常将自己生产的这3种畅销产品作为礼品对外赠送和发放给员工作为福利，却只将一小部分做视同销售处理，而大多数则以过期产品的名义列入营业外支出，从而偷逃了大量的增值税、消费税和企业所得税。

这是一种看似非常"聪明"的"损失避税"行为，因为现在进行资产损失扣除不需要事前向税务机关报送资料，自己留存资料备查就可以了。但是事实上这是一种典型的偷逃税款行为。A公司想编造"正当"的理由躲避纳税义务，但是却忽视了营业外支出在企业经营中属于偶发支出，常年营业外支出占比过高必然会引起税务机关注意，最终因逃税受到惩罚。

5.2.2 资产损失的纳税筹划思路

在实务中，正常发生的资产损失只要资料齐全且符合业务逻辑，税务机关一般都是允许税前扣除的。资产损失的纳税筹划思路主要就是在损失的确认时间上做细、做实。我们先来看一个案例。

某企业2021年6月发生一起严重的生产事故，电力机房发生爆炸，价值100万元的电力设备损坏，没有人员伤亡。该设备已计提折旧60万元，企业发生实际损失40万元。有关部门在2021年10月就已经作出责任事故认定。鉴于保险赔偿无法确认，该企业在 2021 年没有确认损失，在 2022 年 6 月确认保险赔偿后，才确认资产损失。

企业这种做法税务机关认可吗？认可。企业的做法相对保守，企业认为发生资产损失的扣除，应该在减除责任人赔偿和保险公司赔偿款后再确认。案例中保险赔偿无法确认，其实现行确认损失也是可以的，赔偿确认后再计入营业外收入，虽然整体损益没有变化，但是 2021 年的税可以少缴一些。

税务筹划有些时候不能只盯着少缴纳多少税，有些时候通过税务筹划增加资金时间价值，意义不亚于直接节税。

5.2.3　营业外支出避"坑"的建议

营业外支出在税务处理上极易发生纳税调增的情况主要有：捐赠支出、赞助支出、非正常损失、未经核定的准备金支出、政府部门行政罚款或没收财物损失、税收滞纳金和罚款。在营业外支出列支这些项目时要着重注意，这些项目在企业所得税上是不允许税前扣除的。企业如果在事前有这个认识，那么通过事前业务流程再造，也是可以进行筹划的。下面我们就以赞助支出为例谈谈筹划方式。

B 企业准备赞助某行业协会的一次会议，赞助费用为 5 万元。B 企业知道赞助费用无法税前扣除，于是在赞助前与行业协会沟通：会议期间，行业协会在会议现场允许 B 企业摆放 B 企业宣传易拉宝，同时在会议宣传册上印制 B 企业宣传信息。双方将赞助费用改为业务宣传费并签订合同，B 企业取得了行业协会开具的财政统一收据，相关支出计入销售费用限额扣除。

业务流程再造是税收筹划的一个重要手段，比如捐赠支出，直接捐赠给受捐群体不可以扣除，但是通过公益性团体或县级以上人民政府捐赠就可以限额扣除。因此，我们可以以定向捐赠的方式通过这些团体和政府去处理。

5.3　企业所得税特殊事项的处理和风险防控

企业所得税是一个很重要的税种，在很长的一段时间里纳税调整、弥补亏损、税收优惠无不考验着财务人员的业务底蕴和耐心。近几年随着税务机关不断升级税务申报系统，很多税务信息的填报已经实现了智能化，财务人员的压力也在逐年减轻。但是企业所得税涉及的政策太多了，涉及的特殊事项如果处理不当，仍存在很大的税务风险。

5.3.1　企业评估增值要不要缴纳企业所得税

这些年很多税务筹划方案都会运用到企业的合并、分立、转让、资产划转等重组手段，重组业务往往会涉及评估增值，我们都知道，企业账务是按照历史成本去处理的，那么评估增值到底需不需要缴纳企业所得税呢？

企业评估增值常见的情形有三种，分别是：资产未发生转移，仅为特殊需要取得的评估增值；资产重组过程中的资产评估增值；国有企业改制上市过程中的评估增值。

比如企业向政策性银行申请一笔政策性贷款，银行要求企业必须提供资产评估报告。企业账面资产价值为 5 亿元，第三方评估机构给出的资产评估价值为 8 亿元，由于企业资产并未发生转移，且会计核算以历史成本计量，因此这种评估增值是不需要缴纳企业所得税的。

再比如，A 企业出于战略性需要，需进行业务拆分，A 企业将存续分立出一个 B 企业。由于涉及资产、债务的分割，且本次分立不符合特殊重组条件，资产在经第三方评估机构评估后，评估价值远高于账面价值，这种情况下根据税法关于资产重组方面的规定，是需要就评估增值部分缴纳企业所得税的。

这里我们需要注意，企业重组如果符合特殊重组条件，特殊重组以资产历史成本计量，不需要就评估增值部分缴纳企业所得税。

符合条件的国有企业改制上市不是一个经常发生的情况，我们简单了解即可。国有企业改制上市过程中发生资产评估增值可按以下规定处理：国有企业改制上市过程中发生的资产评估增值，应缴纳的企业所得税可以不征收入库，作为国家投资直接转增该企业国有资本金（含资本公积，下同），但获得现金及其他非股权对价部分，应按规定缴纳企业所得税。

5.3.2　投资收益造成的税会差异风险

甲公司是一家从事钢材批发的企业，2021 年，甲公司取得主营业务收入10 000 万元，其他业务收入 500 万元，确认股权转让投资收益 5 400 万元。另有一笔对外投资，被投资企业已作出利润分配决定，但尚未收到股利，甲公司确认应收股利 80 万元。甲公司 2021 年发生业务招待费 350 万元。

财务人员认为甲公司 2021 年计算业务招待费扣除基数的收入 =10 000+500+5 400+80=15 980（万元），当年按照业务招待费实际发生额的 60% 确认的限额 =350×60%=210（万元），按照收入的 0.5% 计算的业务招待费扣除限额 =15 980×0.005=79.9（万元），两者取低，当年业务招待费应扣除79.9 万元。

这种算法是否正确，我们先来看文件的规定。

企业所得税法实施条例和《国家税务总局关于企业所得税执行中若干税务处理问题的通知》（国税函〔2009〕202 号）规定，业务招待费和广告费的扣除基数 = 主营业务收入 + 其他业务收入 + 视同销售收入。

《国家税务总局关于贯彻落实企业所得税法若干税收问题的通知》（国税函〔2010〕79 号）规定，从事股权投资业务的企业（包括集团公司总部、创业投资企业等），其从被投资企业得到的股息、红利以及股权转让收入，可以按规定的比例计算业务招待费扣除限额。

依据以上文件，甲公司属于商贸企业，不是主要从事股权投资业务的企业，那么其产生的投资收益不能作为业务招待费的扣除基数。甲公司按照收入的 0.5% 计算业务招待费扣除限额 =（10 000+500）×0.005=52.5（万元），与实际发生额的 60% 相比取低，当年应扣除业务招待费 52.5 万元。

从上面我们可以看出，投资收益虽然有收入的性质，但是在企业所得税限额扣除基数上面限制很严格；除了业务招待费，投资收益在研发费加计扣除、广告费限额扣除、手续费限额扣除等方面，都是不能纳入扣除基数计算的。

5.3.3 视同销售的税务风险

A 公司是某品牌薯片销售公司，为增值税一般纳税人，2022 年劳动节期间搞促销活动，将外购的一批糖果免费发放给购买薯片的消费者，此批糖果的不含税成本是 5 万元，正常销售的不含税价格是 6 万元。企业认为这是市场推广行为，于是将购买糖果的不含税成本 5 万元直接计入销售费用。

这是一个典型的企业所得税视同销售的案例。根据企业所得税法实施条例规定：企业发生非货币性资产交换，以及将货物、财产、劳务用于捐赠、赞助、集资、广告、样品、职工福利和利润分配等用途的，应当视同销售货物、转让财产和提供劳务（国务院财政、税务主管部门另有规定的除外）。显然企业单纯地确认销售费用是有问题的，在企业所得税税务处理时，糖果的免费发放是需要视同销售的，需要确认视同销售收入 6 万元、视同销售成本 5 万元。

如果 A 公司采取"买一赠一"的方式，买一袋薯片送一袋糖果，根据《国家税务总局关于确认企业所得税收入若干问题的通知》（国税函〔2008〕875 号）第三条的规定：企业以买一赠一等方式组合销售本企业商品的，不属于捐赠，应将总的销售金额按各项商品的公允价值的比例来分摊确认各项的销售收入。这种处理方式就不是视同销售行为。

通过上面的例子，我们可以看出同样的送糖果的行为，如果单纯送出去，那么就是视同销售，如果和销售挂钩，以"买一赠一"的方式送出去，就是正常的销售行为，这就是筹划空间。

5.4　增值税申报表风险管控的那些事

近些年国家税务总局在增值税申报方面的管控越来越严格，先后出台了《增值税纳税申报比对管理操作规程（试行）》等文件，实施了空前严格的增值税事前风险管控，对异常比对的处理力度也逐年加大。增值税申报表中的数据与发票、出口退税、税收优惠关联度高，也是税务机关进行数据风险分析的一个重要抓手。

5.4.1　"只进不出"的申报方式终酿大祸

A 公司主要从事建筑工程服务，2021 年取得销售收入 3 亿元，其中 2 亿元为甲供材项目，采用简易计税，1 亿元为一般计税项目。2021 年 A 公司一般计税项目的销项税额总计 900 万元，进项税额为 1 500 万元。税务机关通过进销项比对，发现 A 公司的进销比对差异较大，决定对其开展风险应对检查。

检查中，税务检查人员发现 A 公司当年收到的发票中，80% 的发票为专用发票，收入主要是简易计税项目，进项税额转出为 0，初步认定企业用于简易计税的进项税额没有转出。后检查成本账簿发现企业 1 500 万元的进项税额中，有 800 万元是用于简易计税的，应做进项税额转出。最终责令 A 公司就一般计税项目部分补缴增值税 200[900-（1 500-800）] 万元，一并征收滞纳金 18.6 万元。

案例中，A 公司出现的问题是一个常识性的问题，《中华人民共和国增值税暂行条例》第十条和《关于全面推开营业税改征增值税试点的通知》（财税〔2016〕36 号）附件 1《营业税改征增值税试点实施办法》第二十七条均规定：用于简易计税、免征增值税项目的进项税额不得从销项税额中抵扣。

案例中的 A 公司能够划分一般计税项目和简易计税项目进项税额，如果不能划分，以上两个文件也规定了计算方式：简易计税方法计税项目、免征增值税项目不得抵扣的进项税额 = 当期无法划分的全部进项税额 ×（当期简易计税方法计税项目销售额 + 免征增值税项目销售额）÷ 当期全部销售额。

5.4.2　进项结构分析发现的税收风险

某省税务机关在大数据扫描时发现，A 企业存在增值税申报中旅客运输票据抵扣金额较大的问题，2021 年总计抵扣旅客运输进项税额 30 万元，占总抵扣进项税额的 15%，经进一步分析企业个人所得税代扣代缴申报发现企业从业人数仅为 15 人，如此大的旅客运输票据进项税额引起了省税务机关的注意。

省税务机关指派主管县区税务局下户核查，发现该企业当年实际发生的旅客运输票据只有 10 万元，按照相关文件规定，只能抵扣进项税额 6000 元，企业认为填报增值税申报表附表二的旅客运输抵扣不参与税务局的比对，为了不缴纳增值税，虚构旅客运输数据虚抵进项税额。县区税务局根据违法性质移交税务稽查处理，由于违法性质恶劣，最终税务稽查对 A 企业作出补缴税款 9.4 万元，并处五倍罚金 47 万元的处理决定，并按偷逃税款移交司法机关。

在大数据管税时代，增值税申报管控越来越严格，增值税申报比对让企业没有空子可钻，通过未申报负数冲减开票收入、通过预缴税款冲减应纳税款、通过进项税额转出填负数等低劣的手段基本上已无生存空间。为数不多的不参与比对或无法比对的项目，比如增值税申报表附表三的差额扣除、附表二的旅客运输发票、增值税减免税申报明细表就成了一些企业"筹划"的地方，我们要知道增值税还有发票数据，比对出来是非常容易的。

5.4.3　进一步完善税负分析给税收风险管理带来的挑战

税负分析，是税务机关在增值税方面常见的一种风险应对手段，基本原理就是用一般计税项目应纳税额除以一般计税项目增值税收入计算出税负，进而结合行业特点分析一般计税项目是否存在无票收入不申报的情况。这种方法一般不会应用于简易计税项目，因为简易计税项目的计算方式是简易计税项目销售额 × 征收率。

在大数据管税下，税负分析不会延续传统的管控模式，会进一步细化，电子发票所体现的数据，如名称、单位、数量、规格等都会被充实到税负分析当中，税负分析将会是一个立体化的监控体系。

某企业从事钢材批发，2021 年的销项税为 3 000 万元，进项税为 2 900 万元，一般计税项目应纳税额为 100 万元，增值税税负率为 0.4%。传统税务机关查账模式下，必将是盘库存、查流水、翻账簿，而在大数据分析的加持下，税务机关可以通过企业进、销发票数据分析，开展进销数量比对、进项与存货数据比对、进销品名比对等，只要有一个地方出现预警，那么就会开展进一步的核查。

在这种管控条件下，隐藏未开票收入被查的可能性会变大，长期存在大量留抵、税负率偏低会成为核查的重点。企业的经营者和财务人员应该别再抱有侥幸心理，合规化经营才是正道。

5.5　存在多缴税款的处理方式

税款皆是由申报产生的，那么多缴税款自然而然也是由申报产生的，由于我国税制的特点，像企业所得税实行季度预缴、年度汇算清缴，汇算时产生多缴是稀疏平常的事情。财务人员工作失误多申报了收入，也会导致多缴税款。欠税就去缴税，多缴就去退税。那么面对多缴我们需要注意什么呢？

5.5.1　申请多缴税款的退税要有底气

目前全国各地税务机关对退税的办理还是比较慎重的，只有退税低于 1 万元的企业所得税汇算清缴退税和个人所得税退税实现了系统自动审核，其他的退税流程设置还是有核查环节的。也就是说企业申请退税，大多数情况下都要面对税务机关的核查。我们先来看一个由申请退税引出的稽查案例。

M 企业为一般纳税人，2022 年 2 月申报产品销售收入 9 万元，企业财务人员在申报时没有及时享受教育费附加和地方教育附加免征政策，当月缴纳了教育费附加和地方教育附加 585 元，后经更正申报，补享受优惠，产生多缴税款 585 元。M 企业财务人员看能够退税，立即向税务机关提起退税申请。

税务机关根据工作流程对 M 企业进行退税核查，检查人员发现 M 企业申报收入 9 万元，与银行对账单显示流水严重不符，银行对账单当月业务往来达到 100 万元，存在隐匿未开票收入的情况，确认基本事实后，税务机关将该点移交稽查处理。经稽查核查，发现企业隐匿收入总计 500 万元，偷逃税款 65 万元。

在申请退税之前，企业一定要做好自查工作。案例中的 M 企业就是一个最好的例子，本身就有隐匿收入行为存在，如果自查还有补正的机会，被稽查那只能接受最坏的结果。

5.5.2 多缴税款的处理方式

谈到多缴税款，我们惯性地认为应该申请退税，其实多缴税款有两个处理路径，一个是申请退税，另一个是抵减当期税款或往期欠税。

我们先来看看退税的法律依据。《税收征管法》第五十一条规定：纳税人超过应纳税额缴纳的税款，税务机关发现后应当立即退还；纳税人自结算缴纳税款之日起三年内发现的，可以向税务机关要求退还多缴的税款并加算银行同期存款利息，税务机关及时查实后应当立即退还；涉及从国库中退库的，依照法律、行政法规有关国库管理的规定退还。

符合规定就可以申请退税，这是毋庸置疑的。大家有没有注意到提到了一个三年的期限，三年是什么意思呢，是不是超过三年就不能申请退税了呢？也不尽然，这个三年强调的是纳税人能否发现申报错误，也就是在三年之内发现错误并更正产生的多缴才能退税，而不是三年内没申请退税就不能退税了。

下面我们再来看看抵减当期税款或往期欠税的法律依据。国税发〔2009〕79 号第十一条规定，纳税人在纳税年度内预缴企业所得税税款超过应纳税款的，主管税务机关应及时按有关规定办理退税。《税收征收管理法实施细则》第七十九条以及《国家税务总局关于应退税款抵扣欠缴税款有关问题的通知》（国税发〔2002〕150 号）规定，当纳税人既有应退税款又有欠缴税款的，税务机关可以将应退税款和利息先抵扣欠缴税款；抵扣后有余额的，退还纳税。

无论是申请退税还是抵减当期税款或往期欠税，都需要填写《退（抵）税申请审批表》，所以大家在填写退税理由时一定要运用好退税的政策依据。

5.6　增值税留抵退税的欢喜和忧愁

增值税留抵退税是当前我国为了应对经济下行压力、保持经济平稳运行难度加大的困境而出台的一项重要政策。该项政策将为市场主体提供约 1.5 万亿元的现金流，退给企业之后，企业会有更多的资金进行技术改造或者增加科技投入，为稳定宏观经济大盘提供强力支撑，从这方面讲，增值税留抵退税对企业肯定是重大利好。但是，很多企业也发现，税务机关要求企业申请增值税留抵退税，等企业申请并退完税后，又要求企业主动退回留抵退税款，否则就要检查企业，甚至要稽查，导致会计人员焦头烂额。那么增值税留抵退税对企业来到说底是欢喜还是忧愁呢？

5.6.1　增值税留抵退税有没有必要申请

《关于进一步加大增值税期末留抵退税政策实施力度的公告》（财政部　税务总局公告 2022 年第 14 号）第十一条规定，纳税人可以选择向主管税务机关申请留抵退税，也可以选择结转下期继续抵扣。根据文件的规定，我们可以看出，符合留抵退税条件的企业可以不申请退税，选择继续抵扣，这个并不是强制性的。

部分地区的税务机关要求企业必须去退税是因为国家规定了一个期限，即 2022 年 6 月 30 日前，要全部退还存量留抵。如果企业存在增量留抵，税务机关一般是不会强制要求企业去申请退税的，所以从长远来看，增值税留抵退税申请与否还是取决于纳税人的意愿。

5.6.2 增值税留抵退税退回是怎么回事

国家税务总局、公安部、最高人民检察院、海关总署、中国人民银行、国家外汇管理局日前在北京召开全国六部门联合打击骗取增值税留抵退税工作推进会。会议指出，留抵退税政策实施以来，六部门协同联动，对骗取留抵退税违法犯罪行为坚持露头就打、打早打小、打准打狠，取得初步成效。已立案检查涉嫌骗取留抵退税企业 1 800 余户，已查实 448 户企业存在骗取或违规取得留抵退税，涉及留抵退税款 8.22 亿元，已公开曝光骗取留抵退税案件 74 起，释放严查重处骗取增值税留抵退税违法行为的强烈信号。

上面的报道源自国家税务总局的网站，从目前税务局公布的涉及骗取增值税留抵退税的案件来看，有两点需要我们特别注意，一是企业少计或不计收入，二是企业取得虚开增值税进项发票。

税务机关要求企业将已经办理完成增值税留抵退税的进行退税。一般来说这类企业或多或少都会存在一些疑点，从这方面来看，税务机关的处理方式还是相对柔和的，给予企业充分的自查机会，如果对这类企业进行检查或稽查，相信又会有一大批企业成为打击对象。

5.6.3 增值税留抵退税应该注意什么

目前税务机关对增值税留抵退税办理的态度是对符合条件的企业是"真退"，对于弄虚作假骗取留抵退税的企业是"真打"。企业在申请留抵退税时，还是要秉承"打铁还需自身硬"的原则，退税前做好自查，免得偷鸡不成蚀把米。企业在退税前的自查，建议从以下四个方面入手。

1. 申请资格条件的自查

判断企业是否属于小微企业或制造业等特定行业企业，一般需要确认企业经营情况中的行业类型、营业收入、资产总额是否正确填写，以及企业划型是否正确选择。这就需要企业详细核对企业所得税申报的企业基础信息、资产负债表、利润表等相关报表中的关联数据。比如申报的资产总额是 2 000 万元，但是资产负债表上体现的资产总额为 2 亿元，那么这个风险就出来了。

2. 销项税合理性的自查

说到底，留抵是销项税少于进项税产生的，那么企业长期销售额小于进货成本，从常理上也说不过去。企业在申请前一定要做好库存账的自查：实际库存能不能和账面库存核对相等，是不是存在未开票收入不入账、销售挂账、转移收入的问题。

3. 进项税合法性的自查

进项税的风险之一就在于接受虚开风险，在自查时一定要着重关注进项发票对应的货物流、服务流、资金流等情况，尤其要关注是否存在期后付款和资金回流的情况。

4. 进销相符的自查

进销相符方面要着重关注是否存在有进无销、进销不符的情况。针对商贸企业来说，采购的货物应该和销售的货物一致，开票大类及名称应该一致。针对工业企业及服务业企业来说，成本类采购项目应该是销售项目的组成部分等，要注意进销项金额及货物价格是否符合经营常规。

5.7　零申报能引发什么后果

税务零申报是指在税务机关办理了税务登记的纳税人、扣缴义务人当期却未发生应税行为，按照国家税收法律、行政法规和规章的规定，应向税务机关办理零申报手续，并注明当期无应税事项。通俗地讲，即指纳税申报的所属期内没有发生应税收入，同时也没有应纳税款。企业在初创期，未开展经营或者没有收入发生，这种情况下的零申报属于正常申报。那么什么情况进行税务零申报会存在风险呢？

5.7.1　为什么长期税务零申报会被列入监管重点

各地税务机关对长期税务零申报的规定不尽相同，大部分地方都规定连续3个月或1年累计6个月零申报为异常申报，风险系统将会对这类企业进行重点监控。虽然在商事制度改革后，市场主体办理营业执照却不开展经营的情况增多，但税务机关通过大数据管税，预警指标也更为科学，并不会增加工作量。

创办企业的目的显而易见是创造价值，一个企业长期零申报，也就是说企业长期没有收入，只发生费用支出，本身就是一个悖论。我们来看下面一个案例。

A企业2019年3月成立，成立3年以来一直没有领购发票，每月申报收入为0，税务机关在对长期零申报企业进行数据分析时，发现A企业利润表显示其每年都会发生200余万元管理费用；电子底账数据显示，该企业在3年中取得了房屋租金、水电费、住宿费、过路费等多种发票总计300余万元；个人所得税申报表和社保费申报显示，该企业为20余名员工发放工资、缴纳社保。

税务机关对A企业的长期零申报行为展开风险核查，检查中发现，A企业为从事网上直播购物的企业，消费者全部是网民，销售不需要开具发票，因此A企业在进货时为了节省费用没索要发票，销售时也没计入收入，属于偷逃税款的行为，遂被转税务稽查立案查处。

经营企业是有成本的，员工工资、水费、电费都是花钱的地方，一个企业没有收入来源，而且还长期生存着，难道是做"慈善"吗？估计没人会相信，被查是迟早的事。案例中的企业没有领购发票，如果一个企业长期零申报而且还有发票，那问题就更大了，税务机关估计会直接从虚开发票的角度进行稽查。

5.7.2 零申报的认识误区——零销项 = 零申报

A公司成立于2020年12月，注册为口罩生产企业，2021年11月开始筹建，当月购入口罩生产设备一台，取得增值税专用发票1份，进项税额5万元，财务人员对取得的专用发票勾选确认，因为公司还未开始生产，没有收入，所以财务人员对2021年11月的增值税进行零申报。

《国家税务总局关于取消增值税扣税凭证认证确认期限等增值税征管问题的公告》（国家税务总局公告2019年第45号）第一条规定：增值税一般纳税人取得2017年1月1日及以后开具的增值税专用发票、海关进口增值税专用缴款书、机动车销售统一发票、收费公路通行费增值税电子普通发票，取消认证确认、稽核比对、申报抵扣的期限。纳税人在进行增值税纳税申报时，应当通过本省（自治区、直辖市和计划单列市）增值税发票综合服务平台对上述扣税凭证信息进行用途确认。这就非常清晰明确了，当期勾选确认进项数据后当期应申报抵扣。

A公司财务人员勾选认证后不申报进项税，非常可能造成后期无法抵扣进项税。针对后期抵扣，国家税务总局公告2019年第45号文件也给出了规定，要参照《国家税务总局关于未按期申报抵扣增值税扣税凭证有关问题的公告》（国家税务总局公告2011年第78号）的规定进行办理才能继续抵扣进项税。而文件里只明确了四种情形可以办理继续抵扣。

（1）因自然灾害、社会突发事件等不可抗力原因造成增值税扣税凭证未按期申报抵扣。

（2）有关司法、行政机关在办理业务或者检查中，扣押、封存纳税人账簿资料，导致纳税人未能按期办理申报手续。

（3）税务机关信息系统、网络故障，导致纳税人未能及时取得认证结果通知书或稽核结果通知书，未能及时办理申报抵扣。

（4）由于企业办税人员伤亡、突发危重疾病或者擅自离职，未能办理交接手续，导致未能按期申报抵扣。

总结起来就是，如果勾选确认当期没申报抵扣，不遇到"走死逃亡，天灾人祸"，以后基本上就无法再抵扣了。

5.7.3　零申报的认识误区——免税收入 = 零申报

N公司从事蔬菜零售业务，为增值税一般纳税人，按规定享受蔬菜批发零售环节增值税免税政策，其进货渠道大部分为农村蔬菜种植户，除了运输环节，基本不会取得进货发票，销售时的主要客户是终端消费者，基本也不需要开发票。因此会计小张在增值税申报时，认为蔬菜反正也是免税产品，不需要缴纳增值税，于是每月直接提交零申报，在企业所得税的申报上，小张按照实际销售收入和成本进行申报。

税务机关在比对增值税收入和企业所得税收入时发现，N公司增值税收入为0，但是企业所得税有收入，存在疑点，于是对N公司展开稽查。税务人员在检查中发现N公司会计小张对免税的理解存在很大的误区，认为免税等同于零申报，且在进货时认为免税没必要开具发票入账，没有按照规定开具农产品收购发票或让农户代开发票，全部以白条入账，全然不知蔬菜批发环节不免征企业所得税，最终对N公司作出补缴企业所得税并罚款的决定。

免税收入是一种税收优惠，是对已经纳入征税范围内的收入，基于税收优惠政策而对其纳税义务予以免除。那么既然纳入征税范围自然而然就需要进行申报，如果不申报，就是编制虚假计税依据。按照《中华人民共和国税收征收管理法》第六十四条规定：纳税人、扣缴义务人编造虚假计税依据的，由税务机关责令限期改正，并处五万元以下的罚款。

免税收入本来是个好事，千万不要和零申报混淆，认为不缴税就可以零申报，一旦被查，产生的后果会很严重。

5.8 "小税种"引发的大风险

我国到目前为止共有 18 个税种。传统的增值税、消费税、企业所得税和个人所得税占我国税收总收入的 80% 左右，我们可称之为"大税种"；其余税款金额相对较小的税种，比如契税、土地增值税、房产税、城镇土地使用税、耕地占用税、资源税、印花税等，由于税款金额较小，我们可以称之为"小税种"。近年来，很多"小税种"都已经完成税收立法，在税收法定的大环境下，"小税种"的税务风险必须引起我们的重视。

5.8.1 附征的税种也会产生风险

谈到城市维护建设税、教育费附加、地方教育附加，我们都会下意识地认为这些税种是伴随增值税和消费税去附征的，有增值税和消费税就缴纳附加税还能出什么问题。但是往往很多企业由于对政策的理解有偏差，遭受了税务风险。我们先来看一个案例。

A 服装企业，主要从事服装生产，产品全部出口。该企业在 2019 年至 2021 年，总计申报收入 10 亿元，申请出口退税 3 000 万元，产生免抵税额 8 000 万元。由于企业财务人员对免抵税额理解有误，认为免抵税额不应缴纳城市维护建设税、教育费附加和地方教育附加，因此在 3 年的时间内，没有就免抵税额进行附加税申报。后经税务机关查处，补缴附加税 960 万元，同时缴纳滞纳金 340 余万元。

《财政部 税务总局关于城市维护建设税计税依据确定办法等事项的公告》（财政部 税务总局公告 2021 年第 28 号）明确了城市维护建设税、教育费附加的计税依据包含增值税免抵税额，纳税人应在税务机关核准免抵税额的下一个纳税申报期内向主管税务机关申报缴纳。

"小税种"的税收风险往往产生于企业对政策的不关注，税收风险大都源自企业对政策的不注意或掌握不准确。

5.8.2 房产税理解偏差造成补税后果

房产税是以房产的原值一次性减除 10% 至 30% 后的余值来作为计税依据的。按财产的余值征税的，称为从价计征，按照房产原值一次性减去 10% 至 30% 后的余值计算缴纳；按房屋租金收入的 12% 计征的，称为从租计征。房产税的缴纳看起来非常简单，但是如果忽略政策就会产生很严重的后果。我们来看一个案例。

A 企业在一块自有土地上建造一处厂房自用，厂房已完工交付，A 企业按照规定从价计征房产税。税务机关在对当地房产信息进行大数据筛查时，发现 A 企业厂房的原值明显小于周边同类厂房价值，因此对其进行检查，发现该企业未将土地款计入房产原值，造成房产税少缴纳 20 余万元，税务机关遂要求 A 企业补缴税款及缴纳滞纳金。

根据《财政部 国家税务总局关于安置残疾人就业单位城镇土地使用税等政策的通知》（财税〔2010〕121 号）的相关规定，对按照房产原值计税的房产，无论会计上如何核算，房产原值均应包含地价。

房产税看似简单，但是在计税依据的确认上却较复杂，以装修支出为例，情况不同会有不同的处理方式。

（1）房屋改建、扩建支出，应该计入房产原值征收房产税。

（2）新建房屋初次装修费用，应计入房产原值征收房产税。

（3）经营性租赁租入房屋，由承租人承担装修费用的，不计入房产原值，不缴纳房产税。

（4）旧房重新装修，如果装修费大于房产原值 50% 以上的，分期摊销，不计入房产原值；如果装修费小于房产原值 50% 的，计入当期损益。

总结一下就是，在对房产税等"小税种"进行筹划时，搞清楚计税依据是关键。

5.8.3 "大数据"牵出"小税种"的税收风险

印花税征收范围很广，包含购销、加工承揽、建设工程承包、财产租赁、货物运输、仓储保管、借款、财产保险、技术合同或者具有合同性质的凭证、产权转移书据、营业账簿、证券交易等。如果把税收比作"拔鹅毛"，那么印花税就是"拔鹅毛"范围最广，但是鹅喊疼最少的一个税种。我们先来看一个案例。

M 公司近日收到了税务机关发来的一自查补缴印花税的通知，会计小张非常纳闷：企业的进货合同、销货合同、运输合同都缴纳印花税了，怎么还会通知补缴呢？小张立刻联系了税务机关，税务机关工作人员告诉小张，上个月 M 公司的房产税申报表显示有一部分房产由从价计征变为从租计征，因此税务大数据风险出现"财产租赁合同未缴纳印花税"的风险预警。小张这时才弄清，原来自己就租房行为漏报了印花税。

印花税与企业的经济行为是密切相关的，因此通过大数据分析很容易就能发现印花税的风险，比如企业开具了仓储的发票，那么通过大数据比对企业有没有按照仓储合同缴纳印花税就可以了。企业在缴纳印花税时需要更加小心，否则容易漏报。

印花税税率虽然低，但是仔细计算一下"积少成多"的税款也不少，在签订合同的时候还是要多加注意。

比如一个合同既有适用万分之三税率的"运输合同"税目，也有适用万分之三税率的"购销合同"税目，还有咨询一类的项目不属于印花税的征收范围，在这种情况下，拆分合同就比合起来签订合同所缴纳的印花税低；再比如，购销合同约定价税分离的，就按照不含增值税的合同金额缴纳印花税，如果价税合计，那就需要按照包含增值税的合同金额缴纳印花税。

第6章

企业绕不开的痛——发票

在"以票管税"时代，发票是企业税务处理合法性的"命门"，发票要是出了问题，出现的结果对企业来说是很严重的。在大数据管税时代，强调的是"以数治税"，那么发票的作用较之以前是不是淡化了呢？

其实并不尽然，在大数据管税下，发票还是具有很重要的地位，或者说地位更为重要，因为发票会从作为进项税抵扣凭证和税前扣除凭证逐渐过渡到业务全流程记录凭证。即将全面推广的发票电子化中有一个重要的功能就是发票全生命周期，发票的流向"有始无终"不合理，"有始有终、无成长经历"也不合理，"无始有终"更不合理。在大数据管税下，发票依旧是企业绕不开的痛。

6.1 发票全生命周期管理

在金税三期时代，发票全生命周期管理的功能其实就已经上线了，但是受限于发票电子化没有全面铺开，数据没有实现全国集中，这个功能并没有被广泛应用。现在已经开始试点的全电发票标志着发票电子化已经开始全面铺开，发票数据实时上传并实现全国数据集中已经成为一个必然的发展趋势，因此发票全生命周期管理这个功能必将迎来全面的应用。

6.1.1 什么是发票全生命周期管理

有关发票全生命周期管理，目前业界没有一个固定的定义。我们先看一个例子。

A公司为一家以钢板为原材料的办公家具生产企业，其钢板的主要供应商为B公司；B公司钢板的主要原材料为铁，其主要供应商为C公司；C公司为金属铁冶炼公司，其主要供应商为D铁矿厂。

正规的发票流向应为D铁矿厂开具铁矿原材料发票给C公司，C公司开具成品铁发票给B公司，B公司开具钢板发票给A公司，A公司再开具办公家具发票给终端消费者，这样就形成了一个完整的发票全生命周期。

假设D铁矿厂开具大白菜发票给C公司，C公司开具成品铁发票给B公司，那么在发票全生命周期中就存在变票的行为，那么在这个链条当中的所有企业都会被认定为有问题。

假设其他环节都正常，A公司生产的办公家具没有再继续对外开具发票，那么A公司就存在隐匿收入的嫌疑，因为发票的生命周期不完整，没有终端消费者。

在这里我们可以看出，发票全生命周期是一个对业务完整性的记录，是税务机关对企业业务全链条的跟踪。在实际业务中，货物或者服务的流转环

节可能更为复杂，会经历更多的中间环节，存在的变数也会更大，任何发票
全生命周期中的中断或异常都会引发风险预警。

6.1.2　发票全生命周期会怎样进行管理

商品和服务税收分类编码是税务机关进行发票全生命周期管理的重要抓
手。早在 2016 年，国家税务总局就开始试行商品和服务税收分类编码制度，
2018 年 1 月 1 日起，又开始试行商品和服务税收分类编码对应的简称显示并
打印在发票票面"货物或应税劳务、服务名称"或"项目"栏次中。在发票
全生命周期管理模式下，商品和服务税收分类编码会起到什么管理作用呢？
我们一起来看一下。

碳酸型饮料和固体饮料的商品和服务税收分类编码简称都是"软饮
料"。在发票全生命周期管理应用之前，商贸企业购进碳酸饮料，对外开
具固体饮料发票，因为票面简称都是"软饮料"，可能税务机关没那么
容易发现问题，但在发票全生命周期管理模式下，购进的碳酸饮料编码为
103030701，而固体饮料编码为 103030707，进项不符的风险就出现了。

再进一步说，卖的是大白菜，写成了文具。通过商品和服务税收分类
编码一比对，企业销售的商品的编码是办公用品类的，购进的是农产品类
的，哪怕是一个工业企业，怎么就用大白菜生产出来文具了？这不是明显
的有异常。

商品和服务税收分类编码在税务管理是有一定规则可循的，商品、劳
务、建筑安装、服务、不动产的编码规则不同，下面细分的规则，特别是商
品类更是详细，在发票全生命周期管理模式下通过商品和服务税收分类编码
进行的业务相关性的比对会更为严格。

6.2　特殊行业的特殊开票规定

无论是纳税人自行开具发票还是税务机关代开增值税专用发票，很多特殊

行业都有特殊的规定，备注栏里需要填写固定的信息，若没有填写则属于不合规的发票，不能进行税前扣除。在大数据管税下，商品和服务税收分类编码基本能确定开票企业所属的行业，备注栏的不规范填写将会是大数据管控的重点。

6.2.1　提供建筑服务的特殊规定

根据《国家税务总局关于全面推开营业税改征增值税试点有关税收征收管理事项的公告》（国家税务总局公告 2016 年第 23 号）的规定，提供建筑服务，纳税人自行开具或者税务机关代开增值税发票时，应在发票的备注栏注明建筑服务发生地县（市、区）名称及项目名称。

6.2.2　提供货物运输服务的特殊规定

根据《国家税务总局关于停止使用货物运输业增值税专用发票有关问题的公告》（国家税务总局公告 2015 年第 99 号）的规定，增值税一般纳税人提供货物运输服务，使用增值税专用发票和增值税普通发票，开具发票时应将起运地、到达地、车种车号以及运输货物信息等内容填写在发票备注栏中，如内容较多可另附清单。

6.2.3　销售、出租不动产的特殊规定

根据《国家税务总局关于全面推开营业税改征增值税试点有关税收征收管理事项的公告》（国家税务总局公告 2016 年第 23 号）的规定，销售、出租不动产，纳税人自行开具或者税务机关代开增值税发票时，应在备注栏注明不动产的详细地址。

6.2.4　差额征税的特殊规定

根据《国家税务总局关于全面推开营业税改征增值税试点有关税收征收管理事项的公告》（国家税务总局公告 2016 年第 23 号）的规定，纳税人自

行开具或者税务机关代开增值税发票时，通过新系统中差额征税开票功能，录入含税销售额（或含税评估额）和扣除额，系统自动计算税额和不含税金额，备注栏自动打印"差额征税"字样。差额征税在备注栏里由系统自动带出。

6.2.5　保险机构代收车船税的特殊规定

根据《国家税务总局关于保险机构代收车船税开具增值税发票问题的公告》（国家税务总局公告 2016 年第 51 号）的规定，保险机构作为车船税扣缴义务人，在代收车船税并开具增值税发票时，应在增值税发票备注栏中注明代收车船税税款信息。具体包括：保险单号、税款所属期（详细至月）、代收车船税金额、滞纳金金额、金额合计等。

6.2.6　销售预付卡的特殊规定

根据《国家税务总局关于营改增试点若干征管问题的公告》（国家税务总局公告 2016 年第 53 号）的规定，特约商户收到支付机构结算的销售款时，应向支付机构开具增值税普通发票，并在备注栏注明"收到预付卡结算款"，不得开具增值税专用发票。

6.2.7　互联网物流平台企业代开货物运输专用发票的特殊规定

根据《国家税务总局关于开展互联网物流平台企业代开增值税专用发票试点工作的通知》（税总函〔2017〕579 号）的规定，纳入试点范围的互联网物流平台企业使用自有专用发票开票系统，按照 3% 的征收率代开专用发票，并在发票备注栏注明符合条件的货物运输业小规模纳税人的纳税人名称和统一社会信用代码（或税务登记证号码或组织机构代码）。

6.2.8 生产企业委托外贸综合服务企业代办出口退税的特殊规定

根据《国家税务总局关于调整完善外贸综合服务企业办理出口货物退（免）税有关事项的公告》（国家税务总局公告 2017 年第 35 号）的规定，生产企业代办退税的出口货物，应向外贸综合服务企业开具备注栏内注明"代办退税专用"的增值税专用发票。

6.3 发票冲红引发的涉税风险

在发票电子化全面推行以后，发票作废的概念将退出历史舞台，发票开具错误、销货退回、销货折让这几种情形都将会通过发票冲红这种形式进行。那么在大数据管税下，发票冲红将会给企业带来什么样的涉税风险呢？

6.3.1 取得普通发票需严防冲红风险

不同于增值税专用发票，增值税普通发票的冲红可以由销货方在系统中直接操作。在电子发票时代，电子普通发票一旦在销货方不知情的情况下进行冲红，将会给销货方带来极大的风险。下面我们来看一个真实的案例。

M 公司为一家从事信息业务外包服务的企业，2021 年 8 月收到税务稽查通知，其在 2021 年 6 月收到的 J 公司开具的 30 张增值税电子普通发票存在异常，涉及金额 80 万元。税务系统显示，J 公司在 2021 年 6 月对向 M 公司开具的所有正数发票均做了冲红处理，因此产生疑点。

经税务机关检查确认，M 公司与 J 公司之间并无真实交易，M 公司为解决费用问题向 J 公司以 2% 的费用买入发票。M 公司对 J 公司的冲红处理并不知情，因此已将取得的增值税电子普通发票入账，并在第二季度企业所得税申报中进行税前扣除。由于已被确认虚开，税务机关对 M 公司作出补缴第二季度企业所得税并罚款的处理决定。

在大数据管税下，发票的税前扣除凭证功能已经越来越淡化。针对电子普通发票，销售方一旦在未通知购买方的情况下冲红，购买方很难知道发票状态，这也是很多虚开普通发票团伙作案的主要手段。因此在发票电子化时代，对普通发票的管理，企业财务人员一定要养成定期到国家税务总局全国增值税发票查验平台验证发票的习惯，抽取金额较大的普通发票进行发票状态的验证，以避免潜在的税务风险。

6.3.2　频繁冲红发票会造成涉税风险吗

频繁开具红字发票不代表一定有风险，有合理原因的冲红就是正常的。

比如一家水果销售公司，因为疫情的原因造成运输发生延迟，在 2022 年 2 月至 5 月，水果产生大量折损，于是水果销售公司给予客户 10% 的销售折让，因此在 3 个月内频繁开具红字发票。

上面这种情况虽然有异常，却是正常情况，此时一定要保留好原始合同、购销双方的协议、出入库单、退库单、运费发票等证明开具红字发票业务真实性的原始资料。

大家一定要清楚，开具增值税红字发票是纳税人经营的需要，如果以减少缴税或通过开具红字发票来人为地调节纳税义务发生时间、调节收入就是一种违法行为。我们来看下面一个案例。

A 公司当月进项税发票未及时取得，因此与其大客户 B 公司协商将已开具的发票冲红，以避免本月增值税税负过重，在征得 B 公司同意后，A 公司以开票有误为由在月底冲红部分发票，并在次月按照原来的发票要素为 B 公司重新开具发票。

税务机关通过大数据分析发现，A 公司以"开票有误"为由开具的红字发票与重新开具的发票是一样的，于是实施重点检查，确认 A 公司存在人为调节纳税义务发生时间的行为，于是要求其补税并对其进行罚款。

大数据管税下，发票的比对一定是发票所载数据的全面比对，开票有误必然是两次开票数据有差异，销货退回必定是有库存增加，销售折让必定是有资金减少。

6.4 遇到异常抵扣凭证该怎么办

产生异常抵扣凭证说明企业的上游出问题了，取得的进项发票当期转出是必然的，以后能不能抵扣是未知数。其实在当今的经济形势下，遇到异常抵扣凭证是一件很正常的事情。下面我们就来谈谈遇到异常抵扣凭证，企业应该怎么做。

6.4.1 什么是异常抵扣凭证

《国家税务总局关于异常增值税扣税凭证管理等有关事项的公告》（国家税务总局公告 2019 年第 38 号）和《国家税务总局关于走逃（失联）企业开具增值税专用发票认定处理有关问题的公告》（国家税务总局公告 2016 年第 76 号）规定，增值税专用发票符合下面的情形就会被列入异常增值税扣税凭证。

（1）纳税人丢失、被盗税控专用设备中未开具或已开具未上传的增值税专用发票。

（2）非正常户纳税人未向税务机关申报或未按规定缴纳税款的增值税专用发票。

（3）增值税发票管理系统稽核比对发现"比对不符""缺联""作废"的增值税专用发票。

（4）经税务总局、省税务局大数据分析发现，纳税人开具的增值税专用发票存在涉嫌虚开、未按规定缴纳消费税等情形的。

（5）走逃（失联）企业存续经营期间发生下列情形之一的，所对应属期开具的增值税专用发票列入异常增值税扣税凭证（以下简称"异常凭证"）范围。

商贸企业购进、销售货物名称严重背离的；生产企业无实际生产加工能力且无委托加工，或生产能耗与销售情况严重不符，或购进货物并不能直接生产其销售的货物且无委托加工的。

直接走逃失踪不纳税申报，或虽然申报但通过填列增值税纳税申报表相关栏次，规避税务机关审核比对，进行虚假申报的。

（6）增值税一般纳税人接受的异常增值税进项税额，累计超过 5 万元，且占同期全部增值税专用发票进项税额 70%（含）以上的。

6.4.2 取得异常抵扣凭证应怎么处理

一般来说，只要取得异常抵扣凭证，在增值税方面尚未申报抵扣增值税进项税额的，暂不允许抵扣，已经申报抵扣增值税进项税额的，除另有规定外，一律作进项税额转出处理。

在出口退税方面尚未申报出口退税或者已申报但尚未办理出口退税的，除另有规定外，暂不允许办理出口退税。适用增值税免抵退税办法的纳税人已经办理出口退税的，应根据列入异常凭证范围的增值税专用发票上注明的增值税作进项税额转出处理；适用增值税免退税办法的纳税人已经办理出口退税的，税务机关应按照现行规定对列入异常凭证范围的增值税专用发票对应的已退税款追回。

在消费税方面，消费税纳税人以外购或委托加工收回的已税消费品为原料连续生产应税消费品，尚未申报扣除原料已纳消费税税款的，暂不允许抵扣；已经申报抵扣的，允许冲减当期抵扣的消费税税款，当期不足冲减的应当补缴税款。

我们可以看到取得异常抵扣凭证在增值税、出口退税、消费税方面基本已经没有可以商量的余地，必须得先转出进项税额，那么是否就只能坐以待毙呢？

如果业务是真实发生的，那么必须得通过货物流、资金流、运输流去证明业务的真实性，异常抵扣凭证从严格意义上来说，还没有被认定虚开，只是要求暂时转出进项税额，未来排除风险仍然可以继续抵扣。最坏的后果就是异常抵扣凭证最后被认定为虚开，若有真实业务发生，则可以向善意取得虚开发票方向努力，善意取得和接受虚开最后的处理是不一样的。

6.5 有票就可以抵扣的错误思维

在"以票管税"时代，很多企业的经营者，甚至是财务人员都形成了一种惯性思维：一般纳税人最好是所有的项目都能取得专用发票，专用发票多多益善，因为只要取得专用发票就可抵扣进项税。诚然这种思维有一定合理性，但殊不知如果这种思维过度，有时也会给企业带来非常大的风险。

6.5.1 误区一：专用发票一定能抵扣

M公司为一般纳税人，从事金属冶炼工作，财务制度健全，2022年1月接到税务机关要求转出进项税2万元的通知。M公司财务人员十分诧异，因为公司所有发票均通过国家税务总局全国增值税发票查验平台进行验证，定期抽检，应该不存在异常抵扣的情况。后经与税务机关沟通了解，公司存在餐饮专票申报抵扣的情况，餐饮服务属于不允许抵扣进项税的项目，因此必须进行进项税转出。

只有允许抵扣环节开具的专用发票才能抵扣，若是在不允许抵扣环节产生的发票，即使是增值税专用发票，也不能用于抵扣。那么根据现行的规定，哪些行业开具的专用发票不允许抵扣进项税呢？

《财政部　国家税务总局关于全面推开营业税改征增值税试点的通知》（财税〔2016〕36号）附件1《营业税改征增值税试点实施办法》第二十七条规定，下列项目的进项税额不得从销项税额中抵扣。

（1）用于简易计税方法计税项目、免征增值税项目、集体福利或者个人消费的购进货物、加工修理修配劳务、服务、无形资产和不动产。其中涉及的固定资产、无形资产、不动产，仅指专用于上述项目的固定资产、无形资产（不包括其他权益性无形资产）、不动产。

纳税人的交际应酬消费属于个人消费。

（2）非正常损失的购进货物，以及相关的加工修理修配劳务和交通运输服务。

（3）非正常损失的在产品、产成品所耗用的购进货物（不包括固定资产）、加工修理修配劳务和交通运输服务。

（4）非正常损失的不动产，以及该不动产所耗用的购进货物、设计服务和建筑服务。

（5）非正常损失的不动产在建工程所耗用的购进货物、设计服务和建筑服务。

纳税人新建、改建、扩建、修缮、装饰不动产，均属于不动产在建工程。

（6）购进的旅客运输服务、贷款服务、餐饮服务、居民日常服务和娱乐服务。（贷款服务需要注意，纳税人接受贷款服务向贷款方支付的与该笔贷款直接相关的投融资顾问费、手续费、咨询费等费用，其进项税额不得从销项税额中抵扣。）

（7）财政部和国家税务总局规定的其他情形。

除此以外，税务机关还有很多文件规定了不能抵扣进项税的情形，如零售的烟、酒、食品、服装鞋帽（不包括劳保专用部分）、化妆品等消费品，纳税人销售旧货，单采血浆站销售非临床用人体血液，差额征税的差额部分等。

6.5.2 误区二：只要是能通过发票勾选确认的都是没问题的发票

A 公司为一般纳税人，2022 年 1 月从其供应商 B 公司购入一批钢材并取得增值税专用发票 1 张，不含税金额 100 万元，税额 13 万元。A 公司财务人员小王通过增值税发票综合服务平台对该张发票进行勾选确认，系统显示发票已通过勾选确认，可以进行抵扣。2022年4月企业申请增值税留抵退税，税务机关在对其进项税进行核查时，发现该张发票纳税人识别号是正确的，但是企业名称有误，"有限责任公司"错录入为"有限公司"。

根据增值税抵扣凭证管理相关规定，该张发票属于有误的发票，需要进项税转出后，由销售方重新开具，该公司该张发票问题，造成了当月留抵退税未申请成功。

发票勾选确认识别什么信息呢？只要发票的购销方纳税人识别号、金额、税额、价税合计、密码区信息一致，都可以勾选确认通过，但如果购销方的名称错了就是不合规的发票，不能作为进项税抵扣凭证。另外，发票销货清单未通过开票系统打印的发票也能通过勾选确认，但也属于不合规的发票。即使发票票面信息完全无误，如果存在税收分类编码匹配错误、开票企业走逃失联等情况，发票依然会成为问题抵扣凭证。

因此通过了发票勾选确认也不代表着发票就一定是没问题的，财务人员在日常的工作当中还是要对发票信息进行认真的审核。

6.6　发票处理岂能笼统

什么叫作笼统的发票处理呢？说得直白一些就是你卖的是苹果、鸭梨，发票上非要写水果，苹果、鸭梨诚然是水果，但是水果只有苹果和鸭梨吗？相信谈到这里大家心中应该有所判定了。

6.6.1　开票品目为"办公用品"引出的风险

A公司为一家装修公司，2021年12月从B计算机销售公司取得开票品目为"办公用品"的专用发票4张，不含税价款30万元，增值税3.9万元，4张专用发票均无明细。某省税务机关通过发票大数据分析，发现以下数据疑点。

（1）存在不按实际业务开票的疑点，A公司从B电脑销售公司取得的

"办公用品"发票，开票品目为商品统称描述，未就实际销售货物后附发票明细。

（2）B计算机销售公司2020年至2021年，进项发票数据全部为计算机、配件，没有办公用品相关数据。

省税务机关指派A公司和B计算机销售公司各自主管税务机关对其进行检查。

B计算机销售公司主管税务机关在检查过程中发现，其库存账簿中没有购入办公用品的记录，与A公司的往来资金在扣除6%的开票手续费后，通过B计算机销售公司法定代表人的私人账户回流至A公司法人账户。最终确认B公司存在未开票收入未入账，以多余进项为抵扣向包含A公司在内的20余家公司以"办公用品"、"礼品"等名义虚开发票涉及金额总计500万元，涉及税款65万元，决定将B公司虚开发票行为转司法机关处理。

A公司主管税务机关在检查时也发现同样的问题，A公司被认定为接受虚开发票，并处补缴税款和缴纳罚金的处罚。

《国家税务总局关于增值税发票开具有关问题的公告》（国家税务总局公告2017年第16号）第二条规定，销售方开具增值税发票时，发票内容应按照实际销售情况如实开具，不得根据购买方要求填开与实际交易不符的内容。发票开具商品统称，如服务费、代理费、办公用品、礼品、食品、家具等，没有具体明细和描述，在数据分析时肯定会被列入重点关注。如果发票与实际业务不吻合，比如去加油站加油，买的是香烟，开的却是汽油发票，还会涉嫌虚开发票。

在大数据管税下，发票数据是一个业务流程的呈现，发票全生命周期才是证明一个业务真实性、合理性的依据，有进无销、有销无进的行为都会打乱发票全生命周期，随意开具发票会将这类税收风险无限放大。

6.6.2　发票的合规处理方式

发票的风险有很多时候都是不合规的处理方式造成的，很多财务人员在日常的工作中往往陷入了迎合管理者和客户要求的误区，管理者和客户怎么要求就怎么开，忽略了发票只是业务流程的一部分的事实。那么我们在发票处理上要注意什么呢？

1. 发票开具要与业务事实相匹配

（1）电子发票上的"项目名称"、纸质发票上的货物与劳务名称、规格、型号、数量、单价等信息，要与合同、出库明细单、服务完成确认单、货物确认单等业务单据上载明的相关信息保持一致。

（2）发票上的服务税收编码分类要符合开具规则，需与销售货物描述填写的保持一致，不能选择桶装水的编码，产品名称却写成品油。

（3）发票上体现的价税合计，要与合同描述一致，如果合同未约定金额，或者开票价格与合同价格不一致，要留存货款结算单、工程结算单等证明合同履约结算的单据。

（4）发票开具的时间必须与增值税纳税义务发生时间保持对应关系。

2. 发票必须符合"真实性、合法性、关联性"三性原则

《企业所得税税前扣除凭证管理办法》（国家税务总局公告 2018 年第 28 号）第四条规定，税前扣除凭证在管理中遵循真实性、合法性、关联性原则。真实性是指税前扣除凭证反映的经济业务真实，且支出已经实际发生；合法性是指税前扣除凭证的形式、来源符合国家法律、法规等相关规定；关联性是指税前扣除凭证与其反映的支出相关联且有证明力。

6.7　虚开发票，你有没有入"坑"

虚开发票，在很多情况下表现为真票假业务，在这种情况下，通过发票真伪查询一般是无法发现虚开问题的，因为现在印制假发票的行为在全面推行税控设备开票以后，基本已经失去了生命力。那么税务机关在检查时又是依据什么去对虚开行为进行分析判断的呢？

6.7.1　业务是否合乎逻辑

长春某建筑公司，在本地承接一处工程，税务机关在对其检查时发现这家公司有一张发票显示这样的信息：砂石料，价税合计 990 000 万元，税率 13%，发票状态正常，企业已正常抵扣进项税。但是税务人员却发现这样一个可疑之处：这张发票的销货单位是浙江某公司，但其注册地却为杭州一处写字间。

长春周边本身是有砂石料供应商的，建筑公司非要舍近求远采购这种低价值货物，这不符合正常的业务逻辑，于是税务检查人员将接受虚开确定为主查方向。在随后的调查中，检查结果印证了主查方向的推测，该建筑公司接受虚开，被认定偷税，税务机关对其作出转出进项税，同时调增虚抵成本，补缴增值税和企业所得税，并处少缴税款一倍的罚款的处罚。

在大数据管税下，取得发票的地域分析也是一个重要的管控指标，风险防控指向就是接受虚开。一般来说，企业是以营利为目的的，那么节约成本支出肯定是企业在采购过程中需要重点考虑的，如果一个不存在特殊价值的货物，明明可以就地、就近采购，而企业非要舍近求远，那么业务的逻辑性必然不合乎常规。

6.7.2　经营能力与经营范围是否合乎业务常规

某高科技生产公司，主要从事汽车导航生产，税务机关在对其的检查过程中发现，其 2021 年取得的 12 张增值税普通发票，开票方为 ×× 咨询部的个体工商户，发票开具项目名称为"技术咨询费"，合计金额为 120 万元，已签订技术咨询合同。

该公司为高新技术企业，本身有大量的技术人员，一个个体工商户给该公司提供技术咨询，这引起了税务机关的注意。经查，该个体工商户的经营范围为商务咨询服务，从经营范围上看，这个个体工商户显然不具备技术咨询能力，同时双方虽然签订合同，但是无技术咨询成果，最终确认该业务并不存在，这其实是公司某高管为逃避缴纳个人所得税做的"筹划"，该高科技生产公司、个体工商户被认定为虚开，高管被认定为偷税。

任何一个正常的经济实体，都会有一个相对稳定的经营范围，具备与经营范围相匹配的经营能力。一个经营范围是房产中介服务的公司开发房地产，这肯定是不正常的。一个只有2人、注册资本为10万元的公司，年贸易额达到10亿元，这显然也超出了这个公司的经营能力。在大数据管税下，数据会对企业进行画像，进而分析企业的经营特点和经营能力，从而找出风险所在。

6.7.3 由特殊含义的数字引发的被查风险

税务机关在2022年2月风险扫描中发现，某商贸公司在当月取得2张大额增值税普通发票，一张取得于A酒店，金额为59 999元，一张取得于B会所，金额为100 000元，开具的发票项目均为会议费，存在开票金额异常的风险。

税务机关在对其的检查中发现，该公司就会议通知、会议日程、会议照片等证明材料全部进行留存，形式上没看出什么问题。但是检查人员依旧对这两个金额有疑问，于是到A酒店和B会所延伸调查，发现A酒店搞存59 999元送15 999元的优惠活动，该公司在A酒店办理的是餐饮预存卡，目前还有4万余元未消费；该公司在B会所存入的100 000元为预存卡的续存。最终该公司因虚抵费用，被要求补缴企业所得税和缴纳罚款。

从常理上来讲，销售货物或应税劳务、服务的价格一般来说有零有整才是正常的事，整数或888元、999元之类金额的发票往往会被认定为存在虚开的问题。虚开的一大特点就是为了省事开具整数发票，而对预存卡开具发票的特点往往是数字特别吉利。

6.8　接受虚开发票的风险

在《发票管理办法》中，规定了三种虚开发票的情形，分别是为他人、为自己开具与实际经营业务情况不符的发票；让他人为自己开具与实际经营业务情况不符的发票；介绍他人开具与实际经营业务情况不符的发票。其中为他人、为自己开具与实际经营业务情况不符的发票就是我们通常所说的"接受虚开发票"，那么接受虚开发票的风险有多大，风险在哪呢？下面我们一起来看看。

6.8.1　接受虚开发票的风险有多大

我们先来看一个真实的案例。

××包装材料厂（以下简称"材料厂"）是一家私营企业，为增值税一般纳税人，主要从事包装材料的生产销售。日前，该材料厂所在县的税务机关接到协查函，要求对材料厂接受的 A 公司的增值税专用发票进行协查。

在调查的过程中，检查人员调阅了材料厂当年的专用发票抵扣联及会计凭证、账簿，从中发现了 30 份 A 公司开具的专用发票，涉及进项税 300 余万元，所购货物为黏合剂和专用上光油，后附原材料入库单，已申报抵扣了进项税。经调查，这几份专用发票是从自称是 A 公司业务员那里得到的，并以现金方式支付货款。

目前，税务机关已查实 A 公司虚开增值税专用发票。由此，检查人员认定该材料厂接受的是虚开的专用发票，且利用虚开的专用发票抵扣了税款，随即转稽查处理。税务稽查与税警开展联合执法，最终确认材料厂接受虚开发票，并存在主观故意，最终材料厂被移送检察院以虚开发票罪进行公诉。

界定虚开增值税专用发票行为没有什么技巧，真的就是真的，虚开就是虚开，发票管理办法和增值税专用发票管理相关规定对虚开发票的界定非常清楚，没有任何模糊地带。一句话，只要是虚开，给别人开、给自己开、接受别人开、介绍别人开，都属于虚开发票。接受虚开在实务当中，若存在主观故意，一旦被认定，一般定性还是比较严重的，被移交司法处理的可能性也是非常大的。

6.8.2 接受虚开企业对外开具的发票是否也会被认定为虚开

从正常的思维来看，如果取得的发票是假的，那么对外开具的发票大概率也是假的，这个想法有一定的道理。在实务当中，税务机关进行核查，往往也不会仅就取得虚开一方面进行核实，也会对其销售环节进行延伸检查，以确认是否存在对外虚开。那么是不是取得虚开就一定会被判定销售也是虚开呢？这不一定。

《国家税务总局关于纳税人对外开具增值税专用发票有关问题的公告》（国家税务总局公告 2014 年第 39 号）明确指出不构成虚开的全部条件，即纳税人通过虚增增值税进项税额偷逃税款，但对外开具增值税专用发票同时符合以下情形的，不属于对外虚开增值税专用发票。

（1）纳税人向受票方纳税人销售了货物，或者提供了增值税应税劳务、应税服务。

（2）纳税人向受票方纳税人收取了所销售货物、所提供应税劳务或者应税服务的款项，或者取得了索取销售款项的凭据。

（3）纳税人按规定向受票方纳税人开具的增值税专用发票相关内容，与所销售货物、所提供应税劳务或者应税服务相符，且该增值税专用发票是纳税人合法取得并以自己名义开具的。

在上述三个条件中，纳税人以自己的名义销售货物、提供劳务或者服务是不被认定为虚开的基础；纳税人取得价款或者索取价款的凭据为前者的必然结果；纳税人开具与其销售的货物或者提供的劳务、服务相符的增值税专用发票则是其表现形式。三者中，最为重要的是纳税人是否以自己的名义销售货物、提供劳务或者服务，无论何人以纳税人的名义向受票方提供货物，均可以构成纳税人提供了货物、劳务或者服务。

6.9　代开发票引发的虚开风险

不同于自开增值税发票，代开发票的销售方为出具代开发票的主管税务机关。税务机关在代开环节收取税款后，通过税务特定征收部门的税控设备开出并加盖税务机关代开专用章，正是因为代开发票出自官方机构，所以广受受票方的欢迎，谁也不会认为税务机关出具的发票会有问题，但事实真的是这样吗？

6.9.1　税务机关代开的发票怎么还被查了

A 公司为小规模纳税人，2021 年 10 月成立，2021 年 12 月向主管税务机关申请代开一张金额为 1 264.5 万元的车辆租赁费增值税专用发票，受票方为从事保险代理业务的 B 公司，由于代开金额较大，引起了税务机关的关注。

税务机关经初步核查发现，A 公司已于 2022 年 12 月底完成清税注销，系统中的电话号码已经无法接通，同时，A 公司的资产负债表显示没有固定资产，电子底账中也不存在进项数据，因此企业所得税也存在虚构成本扣除的疑点。

进一步核查发现，受票方 B 公司为了降低当年的巨额盈利，在未与 A 公司发生实际交易的情况下，以支付 A 公司法人代表 2% "好处费" 的方式，让 A 公司为 B 公司虚假代开发票。最终 B 公司和 A 公司以虚开发票罪被立案查处。

近些年，代开发票方面的办理十分便利，因此很多企业便动起了 "小心思"，毕竟以小规模纳税人身份代开发票，能以较低的征收率代开出 "红头" 扣除凭证，比起缴纳企业所得税能节省很多。

殊不知，代开发票只能保证发票来源真实，却并不代表所发生的经营业务一定真实，因为税务机关在办理指南中明确指出，申请人对提交资料和信息的真实性、合法性负责，税务机关是不对发票的货物品名等票面信息与实际交易不一致的情况负责的。

因此，受票方即便取得的是代开的增值税发票也是存在虚开发票风险的，仍需仔细甄别票面信息是否与实际交易情况一致。切莫故意取得未发生实际交易的虚假代开发票进行增值税抵扣或企业所得税成本列支，否则后果和自开票产生的虚开是一样的。

6.9.2 代开发票中一个潜在的雷区

某市税务机关对全市 2021 年代开发票业务风险进行大数据分析，该市各县、区、局当年总计代开劳务报酬发票 10 万余张，不含税金额 3 亿元，代开环节税款均已征收。在与个人所得税代扣数据进行比对时发现，5 万余张代开劳务报酬发票的受票方没有按照规定进行劳务报酬个人所得税的代扣代缴。

于是市税务机关在全市范围内开展代开发票风险核查专项工作，对风险企业进行逐户核查，最终确认 500 余户企业在收到代开劳务报酬发票后，未履行代扣代缴义务，总计查补个人所得税入库税款 1 500 余万元。

通过这个案例，我们一定要知道一个政策：自然人取得劳务报酬所得、稿酬所得和特许权使用费所得申请代开发票的，在代开发票环节不再征收个人所得税。代开发票单位在发票备注栏内统一注明"个人所得税由支付人依法扣缴"。现在有很多企业在收到个人代开的劳务报酬发票时往往都忽视了这一点，等到税务机关检查时往往为时已晚，不但要补税，还需要补缴滞纳金。

6.10 关联方之间开票引发的虚开

在商事登记制度改革后，成立公司非常简单，很多公司股东名下都有很多相互关联的公司，这种情况已经是一个常态化的现象，那么像这样的关联公司能不能相互开票呢？如果是真实发生的业务当然可以互相开票，但是关联之间的交易往往存在着很多人为可控的环节，真实业务的确认还是存在较大难度的，这也为关联方之间开票带来了很大的税务风险。

6.10.1　税务机关对关联方是怎么确认的

税务机关对关联方的判定一般是从以下 8 方面确认的。

（1）相互间直接或者间接持有其中一方的股份总和达到 25% 或以上。

（2）直接或间接同为第三者所拥有或控制股份达到 25% 或以上。

（3）企业与另一企业（独立金融机构除外）之间借贷资金占企业实收资本 50% 或以上，或企业借贷资金总额的 10% 由另一企业（独立金融机构除外）担保。

（4）企业的董事或经理等高级管理人员一半以上或有一名常务董事是由另一企业所委派。

（5）企业的生产经营活动必须由另一企业提供的特许权利支持（包括工业产权、专有技术等）才能正常进行。

（6）企业生产经营购进的原材料、零配件等（包括价格及交易条件等）由另一企业所控制或供应。

（7）企业生产的产品或商品的销售（包括价格及交易条件等）由另一企业所控制。

（8）对企业生产经营、交易具有实际控制的其他利益上相关联的关系，包括家庭、亲属关系。

在大数据管税之前，这些方面较难确认，但是在大数据管税下，这些数据在税务系统中较容易提取，比如亲属关系通过个人所得税的专项附加扣除就可提取，产品销售由另一家控制通过受票方比对就可提取。

6.10.2　关联方之间互开发票，没造成税款损失算不算虚开

我们都知道增值税实行的是扣税制，也就是说无论中间有多少环节，增值税都是按照增值额去纳税的，关联方之间互开发票，关联各方都正常纳税了，或者没有造成税款损失，这算不算虚开呢？我们先来看一个真实

的案例。

浙江省某市 A、B 两家关联企业日前相继接到税务机关的罚款通知，被处罚款 10 万元，原因是这两家企业以无货虚开增值税专用发票的方式骗取银行贷款，其违法方式如下。

A 企业和 B 企业的主营业务都是品牌汽车销售，法定代表人也相同，形成事实上的关联关系。20×× 年 7 月，这两家企业需要融资，银行答复企业需提供货物发票。两家企业遂以开具"相互无货但对开金额基本相等的增值税专用发票"的方式，向银行提供货物发票。其中一家开具增值税专用发票 37 份，金额合计 316.24 万元，税额合计 53.76 万元，已按规定申报纳税；收到关联方开具的增值税专用发票 33 份，金额合计 316.24 万元，税额合计 53.76 万元，已在所属月份向税务机关申报抵扣。

在当下，企业融资成本高、融资难是一个普遍现象，关联方以无货虚开发票方式骗取银行贷款和银行承兑汇票的做法，具有一定的普遍性。关联企业之间无货虚开具有一定的隐蔽性，但是股权和控制信息的穿透却是这种做法的一个硬伤，极易引发税务风险。关联方之间互开发票的行为虽没有直接造成国家税款流失的后果，但是毕竟没有真实业务发生，进而使虚开发票事实成立。

6.11 善意取得虚开的增值税专用发票是有前提的

现在很多企业都知道"善意取得虚开增值税专用发票"这个概念，认为就算是被认定取得虚开发票了，只要能够提供足够的证明材料，证明业务是真实发生的，就不会被税务机关处罚，最多也就是转出进项税，因此在税务处理中抱有侥幸心理，总是想着以较低的税点取得正规的发票，重视真实交易，忽视票的来源，结果给自己造成了不可逆的税务风险。

6.11.1　什么是善意取得虚开的增值税专用发票

《国家税务总局关于纳税人善意取得虚开的增值税专用发票处理问题的通知》（国税发〔2000〕187 号）规定，善意取得虚开发票是指在没有真实交易的情况下，购货方不知道取得的发票系销售方非法取得的，其主观为善意且无过错。被认定为善意取得虚开发票，一般需要同时符合以下 4 个要件。

（1）业务是真实的交易，购货方与销售方存在真实的交易。

（2）销售方使用的是其所在省（自治区、直辖市和计划单列市）的专用发票。

（3）专用发票注明的销售方名称、印章、货物数量、金额及税额等全部内容与实际相符；

（4）没有证据表明购货方知道销售方提供的专用发票是以非法手段获得的。

在同时符合上述 4 个要件后，善意取得虚开的增值税专用发票的处理方式一般如下。

纳税人善意取得虚开的增值税专用发票，如能重新取得合法、有效的专用发票，准许其抵扣进项税；如不能重新取得合法、有效的专用发票，不准其抵扣进项税或追缴其已抵扣的进项税。

纳税人善意取得虚开的增值税专用发票被依法追缴已抵扣税款的，不属于《税收征管法》第三十二条"纳税人未按照规定期限缴纳税款"的情形，不适用该条"税务机关除责令限期缴纳外，从滞纳税款之日起，按日加收滞纳税款万分之五的滞纳金"的规定。

6.11.2　不能将"善意取得"当作取得虚开发票的兜底方式

税务机关对购货方取得已定性为虚开的增值税专用发票抵扣进项税额这类案件的查处，近些年有一种处理倾向，只要从购货方取得证据支持有货交易，且未发现购货方明知取得的增值税专用发票系销售方以非法手段获得的，仍然向税务机关申报抵扣税款的，就一律定性为善意取得增值税专用发票。正是税务机关的这种处理倾向，让很多企业产生了一种错觉，将"善意取得"作为了一种兜底方式。

"善意取得"这个概念毕竟是在 2000 年提出的，文件依据出台时，增值税专用发票还是手写的，中间又经历了 IC 卡、税控盘、金税盘、税务 UKey 的税控开票时期，发票的查验方式不断地再优化。到了大数据管税时代，发票全面实现电子化，发票真伪查询将会升级为发票全生命周期查询，收到的发票是不是问题发票，开票方是不是正常状态都会一目了然，那么在这种情况下再说取得时不知情就有些说不过去了。

总而言之，随着大数据的进一步应用，以后会较少有善意取得虚开增值税专用发票的情况，所以企业一定要慎用善意取得虚开增值税专用发票的定性。

第7章
以正确的姿态面对税务稽查

税务稽查是所有企业最不想经历又不得不去面对的事情，稽查的过程对企业来说也是一个痛苦的过程。其实，对于大多数企业来说，会有主观上想少缴税的想法，毕竟谁都不想多花钱在一件没有回报的事情上，但是从一开始就想偷税的动机大都是不存在的。

税收筹划是一个专业化、系统化的工作，好的税收筹划会起到一个合理合法少缴税的作用，但是往往很多的企业对税法掌握得不精、不透，因而总会存在各种各样的问题。在大数据管税下，税务稽查的疑点筛查手段将会更加细化，因此在一段时间内，企业面对税务稽查会是常态。那么企业该怎么应对税务稽查呢？很简单，想坦然地面对税务稽查，企业就需要了解税务稽查。

7.1　大数据管税下税务稽查如何选取企业

金税四期的顶层设计已经完成，金税四期以发票电子化改革为突破口，同时利用税收大数据，建成具有高应用效能的智慧税务。未来，随着智慧税务的进一步普及，税务稽查的便捷性、精准性将不断提升。国家税务总局在2021年发布了第52号令《税务稽查案件办理程序规定》，其给出了税务稽查选案的大致方向，通过分析税务局公开的案例来看，税务局在大数据下可以通过以下几个途径锁定稽查目标。

7.1.1　"双随机、一公开"的稽查模式

2022年，税务部门聚焦高风险行业、领域纳税人，深入开展"双随机、一公开"稽查并适当提高抽查比例，积极开展部门联合监管，不断提高监管效能。

2022年1月26日，国家税务总局曝光5起涉税违法案件，广西河池、新疆乌鲁木齐、陕西延安、广东深圳、江西九江税务部门通报了5起涉税违法案件详情，持续发挥震慑和警示作用。其中，既有中介机构为犯罪团伙虚开发票牟取非法利益的，也有利用空壳公司来制造虚假购销合同并虚开发票的，还有违规取得报关单据骗取出口退税的。

这些年税务机关的对外报道中多次提及"双随机、一公开"的稽查模式，那么什么是"双随机、一公开"呢？"双随机、一公开"就是在监管过程中随机抽取检查对象，随机选派执法检查人员，及时向社会公开抽查情况及查处结果。

随机抽查的对象可以综合企业类型、行业、性质、隶属关系、组织架构、股权结构、经营规模、收入规模、纳税数额、成本利润率、税负率、税收风险等级、纳税信用级别等信息，通过大数据分析确定，可以抽取风险较

高的企业作为样本对象。也就是说抽查对象是数据指标指向，只要触发指标就很可能被抽查。

在大数据管税下，"双随机、一公开"的抽查事项清单公告、年度抽查工作计划公示、检查对象名录库与执法检查人员名录库建立、抽查任务发起、检查对象名单抽取和派发、执法检查人员匹配、具体检查任务下达、检查前预查比对、检查结果录入审核及公示、后续处置与考核管理、数据存档等各个工作环节，全部都会在税务系统中操作并全程留痕。在这种情况下，"人情税"将会不复存在，一切都以数据说话。

7.1.2　专项稽查模式

2021 年 4 月 29 日，国家税务总局稽查局发布了《以税收风险为导向 精准实施税务监管》的文章，文章提到围绕社会舆论和人民群众关切，针对农副产品生产加工、废旧物资收购利用、大宗商品（如煤炭、钢材、电解铜、黄金）购销、营利性教育机构、医疗美容、直播平台、中介机构、高收入人群股权转让等行业和领域，重点查处虚开（及接受虚开）发票、隐瞒收入、虚列成本、利用税收洼地和关联交易恶意税收筹划以及利用新型经营模式逃避税等涉税违法行为。

上面的报道就是税务机关精准地找到特定行业的涉税违法行为，开展的专项稽查活动。专项稽查是按照稽查程序，监督检查自身及分支机构的业务经营活动、财务活动或经营管理的某一方面、某一层次、某一项目、某一问题的专项监督检查方式的统称。也就是说处于风口浪尖上的行业、事项、问题等都会通过专项稽查解决。

在大数据管税下，金税四期通过整合核心征管系统、社保费系统、个人所得税系统、发票系统，从而形成风险快速反应的税务数据平台。因为金税四期可实现数据全国集中，进而实现全税种、全交易环节、内外部信息协同处理，通过征管形成的大量数据，加上后台的指标算法管理控制，形成单独的风险数据库，与税务稽查环节联动，所以专项稽查日后必将实现大数据的精准监管，带领企业进入精准的数据风险稽查时代。

7.1.3 大数据风险系统预警

2019 年 8 月，北京警税部门联手成功破获"8·27"手机变票虚开案。经查，该团伙直接或间接控制 30 余家虚开企业，针对客户多为个体工商户、个人且部分人员不需要发票这一特点，将销售收入打入个人账户形成票货分离，利用大量发票富余额度，从事虚开发票犯罪活动。该团伙近年来涉嫌对外虚开增值税专用发票 7 万余份，涉案金额 109 亿元，涉嫌对外虚开增值税普通发票 2 万余份，涉案金额 3.23 亿元。

2022 年税务部门的大数据与风险管理部门，根据之前查处手机变票检查经验，通过大数据分析抽取全国存在手机变票的风险疑点，进行全国性的风险排查，目前已取得阶段性成果，全国各地采取手机变票虚开的行为全部浮出水面。

税务部门之前公开的稽查案例都有一个特点：查处的个案较多，针对一个行业、一个违法行为的查处并不多，也就是说以前查的都是"点"，而不是"面"。而在大数据管税下，大数据风险分析会向"面"发展，数据风险首先会指向一个普遍存在的风险点，然后通过风险点找出全部存在风险的企业，实现"以面打点"。

大数据风险系统的强大之处，在于税务部门能够彻底解决征管力量不足、人员素质参差不齐的问题，因为大数据分析可以通过人工智能把税务稽核专家的判断思维和判断标准编写成代码植入金税四期系统，通过海量数据分析精准地找到风险所在，税务稽查人员按照风险模板去检查确认问题就简单多了。

7.1.4 第三方信息交换稽查

北方某市税务机关与当地政府相关部门进行信息交换，发现该市 Y 公司与某政府机关多年前的资产置换事宜存在涉税疑点。2020 年 1 月，Y 公司所有的 A 大厦与某政府机关置换位于市内中心地段的办公楼及其附属设施，置换资产的价值约 2 亿~3 亿元。评估人员预计，此项置换的税费至少在 5 000 万元以上。随后，评估人员通过税款查询系统查询相关信息，却未发现 Y 公司有相应的大额税款入库。评估人员分析，Y 公司存在少缴或未缴税款的可能。

以上计税依据应以 2020 年 1 月实质完成置换时的评估价格来确定，于是要求 Y 公司通过专业的评估机构重新评估得出资产价值 4.5 亿元，应补缴税款合计 8 411.16 万元、滞纳金 559.35 万元。

税务稽查正在步入税收大数据时代，"大数据 + 区块链 + 云计算"的税务"天眼"逐渐步入我们的生活。第三方涉税信息是指征纳双方之外的其他机关、事业单位、企业或个人提供的、与纳税人的生产经营活动和税务机关的征收管理相关联的情报数据，区块链技术的应用会极大地加速第三方涉税信息的应用。

在金税四期大数据网络系统构建完成后，税务机关将会最了解企业，发生在第三方的任何与税务关联的事项都会充分地暴露给税务机关。税务稽查可以通过第三方信息精准地锁定企业存在的涉税风险。

7.1.5　税收违法举报

税收违法举报指的是单位、个人采用书信、电话、传真、网络、来访等形式，向税务机关提供纳税人、扣缴义务人税收违法行为线索的行为。

税收违法举报一般来说至少需要提供被检举人的姓名或者名称、地址、税收违法行为证据等材料。检举人提供的证据材料应当真实有效，不得诬陷、捏造事实。税收违法举报需要的证据包括账册、合同协议、发票收据、销售收入的报表和记账凭证、会计凭证、财务会计报表、纳税申报表及其他相关的纳税资料原件或复印件。

税务机关的稽查局都会设置举报中心，受理涉嫌偷税，逃避追缴欠税，骗税，虚开、伪造、非法提供、非法取得发票，以及其他税收违法行为的举报工作。虽然不排除有诬陷的举报存在，但是因为需要举报人实名举报，所以此类案源的线索一般较为清晰。通过举报，税务机关可以获得不容易掌握的信息。

7.2 税务稽查核查时会关注的重点

在大数据管税下，税务机关的稽查策略已经慢慢向利用大数据预警机制进行监管方向发展，税务机关可以通过数据比对，很容易地定位到存在不合理涉税处理的企业。接下来，我们就一起看看税务稽查在检查企业时的关注重点。

7.2.1 税法遵从度是税务稽查关注的要点

一个企业之所以被税务稽查，是因为税务机关已经掌握了企业的违法或疑似违法的线索或证据，或者说企业的某项涉税处理已经触发了大数据风险系统的预警，税务机关需要通过进一步的查询和检查来确认问题。因此税务稽查在检查时会着重关注企业的涉税处理是否遵从了税法的要求。

税务稽查在检查之初，会就掌握的证据和数据疑点信息，比照税法的规定，在企业搜集各类资料、信息、账簿去论证企业是否有违法的行为，然后才会进一步确认企业的违法行为是否成立。如果在论证的过程中发现企业的涉税处理是符合税法规定的，那么自然就会排除风险并终止调查。

另外，很多财务人员都有一个疑惑：税务机关的很多文件都是不予公开的，税务机关和企业存在严重的信息不对称，有没有违反税法企业也很难知道。其实这种想法是错误的，税务稽查所有的处理决定都是依据法律、行政法规、对外公开的规范性文件作出的，不予公开的税务规范性文件是不会成为税务稽查处理企业违法行为的法律依据的。

7.2.2　企业财务制度执行是税务稽查的关注点

税务稽查在检查中会首先确认企业的财务运行体系，如企业是专职会计记账还是兼职会计代账；是否依照法律法规设置了会计账簿，总账、明细账、库存商品账、成本明细账等账簿是否齐全；账簿科目、金额是否符合业务常规；是否存在"两套账"等行为。

以一个商业企业为例，税务稽查就隐匿收入的风险对其进行检查，如果该商贸企业连库存商品明细账都没有，这基本上就判了这个商贸企业的"死刑"。因为根据财务制度，商贸企业需要核算库存商品并进行出入库管理，一个商贸企业没有库存商品明细账，可见这个企业的会计核算混乱到什么程度。

再以一个生产企业为例，该企业一年的销售额可达 10 亿元，工人 100人，财务核算由 1 个代账会计负责。该企业的成本结转也没有计算表，仓库未单独设立账簿，1 个代账会计的能力如何能够支撑这么大的生产体量，这绝对是值得税务稽查人员重点关注的。

财务会计制度绝对不是书本上的东西，无论是"以票管税"还是"以数治税"，财务核算都是纳税的基础，没有准确的财务核算又哪来的依法纳税？这绝对是一个亘古不变的道理，也是税务稽查关注的要点。

7.2.3　生产经营和财务核算是税务稽查的必查项

对企业财务核算的核查，简单的理解就是"查账"，税务稽查人员会通过企业的财务核算详细了解企业包括资金、往来、库存、销售等业务情况，同时也会通过账务处理去确认企业的财务核算是否合规，税会处理是否匹配。企业账簿是税务稽查在检查时掌握的第一手证据。在大多数情况下通过账务数据比对，税务稽查人员基本可以确定企业的违法违规性质或下一步检查的方向。

如果税务稽查对企业的生产经营情况进行检查，一般来说企业应该存在很大的问题了。我们先来看一个真实案例：

某市 L 钨业有限公司（以下简称"L 公司"），进项税异常增长，进销不匹配，存在隐匿收入、骗取留抵退税的嫌疑。税务稽查部门接到线索后，立即对该公司进行检查。在检查公司财务数据时发现，该公司钨矿石的销路很好，不存在压库存的情况，进项主要由炸药、电力构成，进项较为正规。细心的税务稽查人员发现该公司银行存款中有一笔建筑公司转入款 50 万元，摘要为砂石定金，截至目前尚无开票记录。

税务稽查人员怀疑该公司除钨矿石外，还对外销售砂石，于是突击到 L 公司生产现场进行检查，发现生产场地堆积大量砂石，并不断有车辆装卸运输，基本确认 L 公司存在开采砂石并销售的行为。税务稽查人员经过外调等一系列方式调查，最终确认 L 公司通过注册小规模纳税人身份收款、开票的方式，以低征收率进行对外销售，将砂石开采产生的进项税计入 L 公司，由此产生大量留抵，骗取留抵退税。

最终税务稽查部门将 L 公司定性为偷税，作出补缴税款 365.04 万元，处 1 倍罚金、加收滞纳金，追缴骗取留抵退税 78.64 万元，并处 2 倍罚款的处理决定。

如果税务稽查开始了解企业的生产经营情况，那就说明税务稽查已经确认企业存在较大问题，企业肯定是重点稽查对象，这个时候对企业来说最好的方式就是积极协助、真诚认错。

7.3　税务稽查一般如何查账

当企业被通知税务稽查要来查账，不管是有事还是没事，很多人马上就慌了。其实税务稽查查账是有严格的程序、规定的，不是什么时候想查就查，想查谁就查谁的，除了违法行为以外，企业财务人员的手误、数据逻辑不对也会触发日常稽查风险指标，这种情况下，对税务稽查查账无须过于焦虑。下面我们就来谈一谈，税务稽查是如何查账的。

7.3.1 税务稽查查账的关注重点

经验丰富的财务人员肯定有切身的感受：税务稽查在查账时会有一些规定动作，会对几个方面进行检查。那么下面我们就一起来看一下税务稽查在查账时的关注重点。

1. 查合同和进销存

税务机关在检查时会根据企业的销货和进货情况，与相对应的合同进行比对，查看企业的合同约定内容与企业收入、成本的确认是否相符，检查是否存在虚假交易的情形。合同检查是税务稽查在确认业务合规性时采取的第一个手段，合同的合规性决定了税务稽查对进销存合规性的判断。

2. 查发票开具

税务机关会重点检查发票的开具是否与发生的业务相符，收到的发票与企业业务的相关度，是否存在虚假开具发票的情况。发票核查就是对进销是否一致、进销是否关联的核查。

3. 查资金流

查资金流即检查银行存款账簿和银行对账单，查看购买方和销售方的同一项经济业务的交易资金入账内容是否一致；资金流与发票、业务这两项内容的流向是否一致，资金流向是否是一条完整的证据链。资金流检查是税务稽查必用的手段，有时还会延伸到对法定代表人、股东、关联方的私人流水进行检查，以确认资金回流情况。

4. 查库存

查库存即检查企业账面库存与实际库存的差异，查看企业是否存在销售未确认收入的情况。如果一般纳税人存在较多留抵税款，税务稽查会将库存作为突破点进行检查。

5. 查能力

查能力即检查企业能耗、设备、仓储、运输等入账信息，以论证企业是否有经营能力和生产能力去完成该项业务。在检查生产企业时，税务稽查多会用到这种方式。

7.3.2 被查就会发现问题的账务处理

为什么有些企业被税务稽查查账就会出现问题，其实很多时候不一定是企业真的做了什么，而是账务处理存在很大的问题。那么我们就来总结一下，被查就会发现问题的账务处理方式有哪些。

1. 生产企业成本结转不合规

我们都知道构成产品成本的有料、工、费三项，料、工、费耗用清单和计算表就是结转成本的依据，出库单、领料单、入库单就是耗用材料的证明。在计算成本时，只有一张记账凭证，没有后附资料，那么产成品的成本、入账价值大多会有问题。税务稽查在查账时遇到这种情况，要么就是延伸检查，要么就是从高原则的核定。

2. 商贸企业的销售没有出库单

税务稽查在检查商贸企业时，遇到没有出库单，一般都会认为企业存在财务核算不健全的情况。出库单对商贸企业而言是一个很重要的销售自制凭证，是对纳税义务发生时间确认的有效证明，如果商贸企业没有出库单，税务稽查自然会对企业库存加大检查力度，如实地盘点库存、协查客户。

3. 账面上列示股东的应收账款或其他应收款

股东借款，如果只是日常工作中的正常的、短暂的借钱周转，是可以的。但是存在借款超过一年不还，那就需要按分红缴纳个人所得税；如果借入的金额超过实收资本的 2 倍，就会被资本弱化监管。在稽查案例中，股东借款被要求缴纳个人所得税的情况比比皆是。

4. 工资没有代扣代缴个人所得税

工资的列支是不需要发票的，所以有些企业就动起了多列工资的歪脑筋，殊不知列支的工资只有全员全额代扣代缴个人所得税才能税前扣除。如果税务稽查延伸调查，没缴纳社保费也是个大问题。

7.4　被税务稽查一定是有问题吗

近些年税务执法和稽查越来越规范，这与我国的法治化进程和税务机关执法的不断努力是分不开的，税务机关基本能做到"无风险不打扰"，这是因为税收环境逐渐良好。谈到被税务稽查，很多人的第一反应是企业肯定存在问题所以才会被查。诚然这种想法没什么错，虚开发票、隐匿收入、虚增成本这些都该被查。那么，被税务稽查一定是企业有问题吗，有没有例外的情况呢？

7.4.1　举报引发的稽查不一定存在问题

2022 年 1 月，某市税务稽查局举报中心接到一群众实名举报，该市 A 大型购物商场（以下简称"A 商场"）在举报人购物后拒绝向其开具发票，商场长期存在这种行为，涉嫌严重偷税漏税，举报人同时提交了购物小票、支付宝付款记录等证据。

税务稽查局在接到举报后，按照程序对 A 商场进行稽查案源立案，并指派两名检查人员对 A 商场开展检查工作。在检查的过程中，检查人员通过询问 A 商场相关人员及调取监控录像，发现举报人当日购买了 12 000 元的服装，却要求商场开票人员为其开具项目名称为办公用品的发票，商场开票人员予以拒绝，且当月 A 商场已经将该笔收入进行纳税申报，就此检查人员基本确认举报商场拒绝开具发票的事实不成立。

对商场长期存在偷税漏税行为的举报，税务检查人员对 A 商场连续三年的账簿进行核查，发现该商场所有收入确认、成本列支、费用核算均较为正规，不存在偷税漏税的现象，最终确认商场不存在违法行为。税务稽查局在结案后，向举报人反馈结果，同时对举报人要求 A 商场虚开发票的行为和失实举报行为提出严厉批评，并保留对其追究刑事责任的权利。

税务稽查举报案件现在占了税务稽查工作的很大一部分。现在人民的税务维权意识较强，人民群众监督确实让一些违法分子受到了严厉的惩罚，但是也存在因为经济纠纷、不合理诉求得不到满足等引发的恶意举报。在被恶意举报的情况下，被税务稽查不一定代表企业存在问题。

现在确实存在诬陷举报、恶意举报违法成本低的问题，因此也给很多正常经营的企业造成了很多困扰，但是"打铁还需自身硬"是硬道理。企业如果收入正常，按照纳税义务发生时间去确认，成本、费用按照实际发生和规定流程去确认，正常处理税会差异，那么即便被税务稽查也不用害怕。

7.4.2　协查引发的稽查不代表企业有问题

M公司为一般纳税人，主要生产汽车车厢，2021年10月税务稽查局向M公司送达检查通知书，并对其发票违法行为进行检查。检查人员告知M公司，其主要钢梁供应商A公司被认定为非正常纳税人且存在虚开发票行为，已确认走逃失联，因此M公司作为A公司比较大的采购商，存在接受虚开发票的嫌疑。

检查人员在检查中发现，M公司与A公司之间的购货合同、资金流、物流、货物出入库、货物耗用单据全部有据可查，因为钢梁的货值较高，M公司还留存了产品入库、出库的监控视频，充足的可证明业务真实性的证据让税务稽查最终对M公司作出了排除风险的决定。

协查所引发的稽查，大多是因为发票出了问题。如果企业的上游资金链断后跑路了、被认定为非正常纳税人了、被认定虚开发票了，或者企业的下游虚开发票了，即便企业与上游、下游的业务是真实的，税务机关在检查企业的上游、下游的同时，有时也会把企业列为嫌疑对象，要求一起协同调查。

遇到这种情况，业务是真实发生的则不需要有太大的压力，但是企业还是需要强化自身的财务合规化处理能力，在购货、销货的同时一定要注意留存能够证明业务真实性的相关证据，这在大数据管税下是十分重要的。

7.4.3　存在有争议的税务疑点不一定是企业有问题

A 公司为一家食品生产企业，经营的食品都有保质期，超过保质期会做报废处理。2021 年由于企业销售策略出现问题，当年生产的产品有 30% 都过了保质期，申报了资产损失进行企业所得税税前扣除，但由于资产损失金额较大，所以触发了税务风险指标预警。

经过检查，税务检查人员认为是食品过期还未销售导致的损失，是管理不善导致的非正常损失，对应的进项需要转出。企业财务人员对税务检查人员的认定有不同的看法：食品过保质期，是食品经营行业的一大特点，凡有保质期的食品，就必定会出现过期的情况，没有销售出去造成的过期属于经营原因，而非管理原因，不应该转出进项属于。后经上一级税务机关确认，食品过期属于企业正常经营的损失，因此无须做进项税转出。

案例中的情形在现实中还是比较多见的。可能是考虑问题的角度不同，也可能是不同人对政策的理解有差异，很多涉税问题，不同的税务检查人员也存在不同的理解。因此财务人员在对税务检查人员的政策执行有异议的时候，只要有可参照的政策依据，是可以大胆地提出不同意见的。

7.5　《已证实虚开通知单》到底是什么

在所有对外公开的税务文件中鲜有《已证实虚开通知单》（以下简称《通知单》）的身影，但这个《通知单》却总会在不经意间与企业相遇。收到了《通知单》，企业恐怕马上就会联想到最终的结果：进项税额肯定要转出，稽查估计也会就接受虚开发票进行检查，企业所得税恐怕要调增……《通知单》到底是什么，有没有法律效力，是不是确认接受虚开发票了？这些疑问一直困扰着很多企业，下面我们就一起来学习一下《通知单》的相关知识。

7.5.1 什么是《已证实虚开通知单》

《税收违法案件发票协查管理办法（试行）》（税总发〔2013〕66号）第九条规定，已确定虚开发票案件的协查，委托方应当按照受托方一户一函的形式出具《已证实虚开通知单》及相关证据资料，并在所附发票清单上逐页加盖公章，随同《税收违法案件协查函》寄送受托方。通过协查信息管理系统发起已确定虚开发票案件协查函的，委托方应当在发送委托协查信息后5个工作日内寄送《已证实虚开通知单》以及相关证据资料。

受托方税务机关在收到《通知单》后，根据《税收违法案件发票协查管理办法（试行）》第十五条规定：有下列情形之一的，受托方应当按照《税务稽查工作规程》有关规定立案检查：

（1）委托方已开具《已证实虚开通知单》的。

（2）委托方提供的证据资料证明协查对象有税收违法嫌疑。

（3）受托方检查发现协查对象有税收违法嫌疑的。

（4）上级税务局稽查局要求立案检查的。

从上面的信息我们可以了解到，《通知单》是税务机关内部传递的文书，不具备法律效力，即便是委托方出具了此文书，受托方在收到后也应立案检查，而不是直接根据《通知单》进行处罚。

"已证实"字样确实会误导很多企业，这里的"已证实"可以理解为"涉嫌"，从本质上来讲，《通知单》的作用其实是提供案件线索或证据，督促受托方启动立案检查程序。

7.5.2 《已证实虚开通知单》作为虚开证据是否可诉

受票方作为行政相对人对《通知单》存在异议，能不能通过行政复议、行政诉讼等方式去解决呢？我们先来看一个法院的裁定。

广西壮族自治区高级人民法院（2019）桂行申347号再审行政裁定书

法院认为：根据《发票协查管理办法》第二条、第七条、第九条第一款

的规定，《税收违法案件协查函》是查办税收违法案件的税务稽查局将需异地调查取证的发票委托有管辖权的税务稽查局开展调查取证的相关活动的委托协查函，《已证实虚开通知单》属于《税收违法案件协查函》的具体内容或附件，是异地税务机关之间的内部公文，是行政行为之间确立委托协查关系的文件以及协查的工作内容，仅供税务机关内部使用，其性质显属内部行政行为。

虽然再审申请人河南药材集团公司所在地的税务机关作出的税务处理决定明确涉案《已证实虚开通知单》是其作出补缴税款及收取滞纳金决定的证据，但是对再审申请人作出权利义务要求的是处理决定，涉案《已证实虚开通知单》作为定案证据，是作出处理决定的税务机关根据其职责作出的，当事人如对税务机关以涉案《已证实虚开通知单》作为定案证据有异议，可以通过对处理决定提出异议解决。

一、二审法院认为再审申请人对涉案《已证实虚开通知单》的复议申请不属于行政复议的受案范围，无事实和法律依据。

《通知单》能够证明的是委托方税务机关查处的发票属于虚开，并没有确定受票方存在虚开行为。受托方税务机关只有按照《税务稽查工作规程》立案检查，经过稽查检查程序作出的处理决定，才能明确受票方是否存在税收违法行为。《通知单》作为税务机关内部流转的文书，其实并未对受票方定性违法行为，因此也不必然或直接对受票方产生实际影响，那么，从法理上来讲《通知单》就不是一个可诉的事项。

当然《通知单》也是有救济的途径的，《通知单》作为定案证据，是作出处理决定的税务机关根据其职责作出的，当事人如对税务机关以涉案《通知单》作为定案证据有异议，可以通过对处理决定提出异议解决。

如果想申请行政复议，其实也不是不可以，但是需要税务机关作出处理决定才行，因为《通知单》是税务处理决定证据，税务处理决定能够直接影响受票方的权益，因此受票方可以就税务处理决定提起行政复议，当然这里也有前提，就是先纳税。

7.6 如何面对带着数据来的税务稽查

我国现在的税制很复杂，面对大量的税收文件，企业一不小心就可能触发税务稽查风险。在这种情况下，大家要做的就是以一个良好的心态对面对税务稽查，对合法经营的企业来说，税务稽查不是洪水猛兽，应带着良好的心态去面对。

7.6.1 珍惜自查的机会

在大数据管税下，风险数据指标是十分精准的，但是也会存在一个问题，那就是分析结果可能非常多，稽查力量不足以应对。因此在构建税企和谐的大环境下，税务稽查就风险数据开展检查前，除非是涉嫌重大违法或犯罪的情形，对一般违法行为大都会给企业一个自查补正的机会。

所谓的自查，指的是纳税人根据税务机关下发的风险指标，在规定的时间内，对照税法，自我检查对应风险指标是否成立，如果成立，按照税法相关规定改正错误并得到税务机关认可，主动到主管税务机关申报缴纳或补扣、补缴相应税款，并承担相应的滞纳金。自查让企业可以在税务稽查之前解决问题或减轻违法后果，避免或降低可能发生的税务风险。

以某男艺人涉嫌偷逃税款案为例，该男艺人在 2019 年至 2020 年，通过虚构业务转换收入性质进行虚假申报，偷逃个人所得税 4 765.82 万元。税务部门指出，在税务检查过程中，该男艺人能够积极配合检查并主动补缴税款 4 455.03 万元，同时主动报告税务部门尚未掌握的涉税违法行为。综合考虑上述情况，对其虚构业务转换收入性质虚假申报偷税但主动自查补缴的 4 455.03 万元，处 0.5 倍罚款计 2 227.52 万元；对其虚构业务转换收入性质虚假申报偷税但未主动自查补缴的 310.79 万元，处 4 倍罚款计 1 243.16 万元。

这是一个非常典型的案例，我们从案例中可以看出，一个纳税主体的同一违法行为，主动自查补缴税款和被查补缴税款，税务机关在处罚上是有很大差别的。

7.6.2　应对税务稽查的正确方式

很多企业在遇到税务稽查时，首先想到的是托"关系"、走"后门"，而在大数据管税下的税务稽查，检查的全过程都是拿数据说话的，除非能够排除数据风险疑点，否则任何一个人都不敢对违法事实视而不见。在这种情况下，企业应如何应对呢？

首先，要积极配合税务稽查部门的检查。面对税务稽查的检查，企业应当积极配合，千万不能试图隐瞒、销毁账簿、商业材料等税务相关资料，更不要试图提供伪造资料，更不要拒绝或阻止检查人员记录、录音、录像、照相、复制与案件有关的材料。

目前税务机关的执法还是非常规范的，戴着执法记录仪检查已是常态，上述不正确的做法在大数据管税下是无济于事的。因为税务机关调取企业的各类数据很简单，调阅资料、查阅账簿无非是为了获取证据，如果不配合，不仅无法隐藏违法行为，还会增加违法成本，甚至构成犯罪被追究刑事责任。

其次，寻求专业涉税服务人员的帮助，如注册会计师、税务师、律师。因为企业的普通财务人员、兼职会计与税务机关沟通大都难以达到理想效果，而专业涉税服务人员在全面了解案件事实并与税务机关沟通后，能够准确地预测和应对企业存在的税务风险，专业人员的沟通会使税务检查人员更容易采纳相关意见，在一定程度上税务机关会作出有利于企业的检查结论。

7.7　税务稽查中的常见问题解答

很多企业面对税务稽查常常只能被动接受检查，因为税务稽查执行标准存在于很多法律、法规中，企业对税务稽查涉及的法律责任、检查程序等方面都不甚了解，在遇到一些困境时往往不知所措。那么接下来我们就这些困惑来总结一些税务稽查中的常见问题。

7.7.1 被查后已经资不抵债了，税务稽查执行是不是会一直进行

《税务稽查案件办理程序规定》（国家税务总局令第 52 号）第五十七条规定，当事人确无财产可供抵缴税款、滞纳金、罚款或者依照破产清算程序确实无法清缴税款、滞纳金、罚款，或者有其他法定终结执行情形的，经税务局局长批准后，终结执行。

这也就是说，当企业被稽查后，被判定补税、缴纳滞纳金或罚款，如果存在上述情形，稽查执行是可以终结的。不过要注意，这里的税务局局长一般指的是市一级及以上的税务局局长，而不是稽查局局长。

7.7.2 税务稽查的中止执行是什么意思，以后还会被查吗

《税务稽查案件办理程序规定》（国家税务总局令第 52 号）第五十六条规定，执行过程中发现有下列情形之一的，经稽查局局长批准后，中止执行。

（1）当事人死亡或者被依法宣告死亡，尚未确定可执行财产的。

（2）当事人进入破产清算程序尚未终结的。

（3）可执行财产被司法机关或者其他国家机关依法查封、扣押、冻结，致使执行暂时无法进行的。

（4）可供执行的标的物需要人民法院或者仲裁机构确定权属的。

（5）法律、行政法规和国家税务总局规定其他可以中止执行的。

中止执行情形消失后，经稽查局局长批准，恢复执行。

从这里我们可以看出，中止执行是暂停的意思，如果中止条件消失，还是要继续检查的。

7.7.3 终结检查是不是因为在检查中没发现问题

《税务稽查案件办理程序规定》（国家税务总局令第 52 号）第三十四

条规定，有下列情形之一，致使检查确实无法进行的，经稽查局局长批准后，终结检查。

（1）被查对象死亡或者被依法宣告死亡或者依法注销，且有证据表明无财产可抵缴税款或者无法定税收义务承担主体的。

（2）被查对象税收违法行为均已超过法定追究期限的。

（3）法律、行政法规或者国家税务总局规定的其他可以终结检查的。

以上是终结检查的情形，和检查中有没有发现问题没有关系。检查中没有发现问题，税务稽查仍旧会按照稽查程序将稽查报告流转至案审、执行等部门走完全部流程。

7.7.4　银行账户涉及商业机密，税务稽查能说查就查吗

《中华人民共和国税收征收管理法》（第十二届全国人民代表大会常务委员会第十四次会议修正）第五十四条第（六）项规定，经县以上税务局（分局）局长批准，凭全国统一格式的检查存款账户许可证明，查询从事生产、经营的纳税人、扣缴义务人在银行或者其他金融机构的存款账户。税务机关在调查税收违法案件时，经设区的市、自治州以上税务局（分局）局长批准，可以查询案件涉嫌人员的储蓄存款。税务机关查询所获得的资料，不得用于税收以外的用途。

《中华人民共和国税收征收管理法实施细则》第八十七条规定，税务机关行使税收征管法第五十四条第（六）项职权时，应当指定专人负责，凭全国统一格式的检查存款账户许可证明进行，并有责任为被检查人保守秘密。检查存款账户许可证明，由国家税务总局制定。税务机关查询的内容，包括纳税人存款账户余额和资金往来情况。

《税务稽查案件办理程序规定》（国家税务总局令第 52 号）第二十六条规定：查询从事生产、经营的纳税人、扣缴义务人存款账户，应当经县以上税务局局长批准，凭检查存款账户许可证明向相关银行或者其他金融机构查询。

查询案件涉嫌人员储蓄存款的，应当经设区的市、自治州以上税务局局长批准，凭检查存款账户许可证明向相关银行或者其他金融机构查询。

税务机关可以调查被查对象的银行账户，而且无须征得其同意，当然税务机关有责任为其银行信息保密，且不得用作税务以外用途。

7.7.5 如果不配合税务稽查的检查，后果是什么

《中华人民共和国税收征收管理法》（第十二届全国人民代表大会常务委员会第十四次会议修正）第七十条规定，纳税人、扣缴义务人逃避、拒绝或者以其他方式阻挠税务机关检查的，由税务机关责令改正，可以处一万元以下的罚款；情节严重的，处一万元以上五万元以下的罚款。

《中华人民共和国税收征收管理法实施细则》第九十六条规定，纳税人、扣缴义务人有下列情形之一的，依照税收征管法第七十条的规定处罚。

（1）提供虚假资料，不如实反映情况，或者拒绝提供有关资料的。

（2）拒绝或者阻止税务机关记录、录音、录像、照相和复制与案件有关的情况和资料的。

（3）在检查期间，纳税人、扣缴义务人转移、隐匿、销毁有关资料的。

（4）有不依法接受税务检查的其他情形的。

法律就是法律，不容任何人去践踏其权威性，配合好税务稽查的检查是一个纳税主体应尽的义务。

7.8 企业在税务稽查过程中也享有权利

根据税收征管法及其实施细则和其他相关法律，税务稽查有权依法行使法律赋予的各项检查权力，同时被查企业也依法享有维护自身合法权益的诸多权利。被查企业完整准确地掌握和理解享有的各项权利，是正确维护自身合法权益、争取减少各种不必要损失的前提条件，这对被查企业具有十分重要的作用。

7.8.1　在税务稽查过程中企业享有的十三项权利

被查企业在接受税务稽查时，主要有如下权利。

1. 了解税法的权利

根据税收征管法，纳税人、扣缴义务人有权向税务机关了解国家税收法律、行政法规的规定以及与纳税程序有关的情况。税务机关应当广泛宣传税收法律、行政法规，普及纳税知识，无偿地为纳税人提供纳税咨询服务。因此，税务稽查人员有税法宣传的义务，被查企业在接受检查过程中，有权向税务稽查人员咨询有关税收政策，尤其是针对税务稽查人员查出认定的涉税违法事实，被查企业人员更有权询问相关的法律规定，税务稽查人员有义务进行解答。

2. 要求保守秘密的权利

纳税人、扣缴义务人有权要求税务稽查人员对纳税人、扣缴义务人的情况保密。保密的范围是被查企业的商业秘密和个人隐私，税收违法行为不在保密的范畴。

3. 对违反法定程序进行的税务检查，有拒绝检查的权利

税务稽查人员在进行税务检查时，如果不出示税务检查证和税务检查通知书，纳税人有权拒绝接受检查，并且这种拒绝不会受到行政处罚。

4. 要求有关人员回避检查的权利

税务稽查人员与被查对象有利害关系或有其他关系可能影响公正执法的，被查企业有权要求他们回避。被查对象要求税务稽查人员回避的，或者税务稽查人员自己提出回避的，由稽查局局长依法决定是否回避。稽查局局长发现税务稽查人员有规定回避情形的，应当要求其回避。稽查局局长的回避，由所属税务局领导依法审查决定。

5. 要求及时退还被调取的会计资料的权利

税务稽查人员调取账簿及有关资料时应当填写《调取账簿资料通知书》《调取账簿资料清单》，并且要在规定时间内完整退还。

6. 拒绝违法证据的权利

税务稽查人员取证过程中，不得违反法定程序收集证据材料，不得以偷拍、偷录、窃听等手段获取侵害他人合法权益的证据材料，不得以利诱、欺诈、胁迫、暴力等不正当手段获取证据材料。对采用这些方法取得的证据可以不予认可。

7. 特殊单位有要求提供专用证明的权利

属于金融、部队、尖端科学等保密单位的，必须要求税务稽查人员提供税务检查专用证明。

8. 不依法履行有关手续，有拒绝接受查封、扣押的权利

税务稽查人员查封、扣押纳税人的商品、货物或其他财产时，未能提供相应有效的查封（扣押）证，查封商品、货物、财产清单，扣押商品、货物、财产专用收据的，纳税人可以拒绝接受查封。

9. 对行政处罚享有陈述、申辩的权利

税务机关在作出行政处罚决定之前，依法有告知当事人作出行政处罚决定的事实、理由及依据的义务，当事人依法享有陈述、申辩的权利。

10. 对符合条件的行政处罚，有要求举行听证的权利

税务机关对公民作出 2 000 元以上的罚款含本数，或对法人和其他组织作出 1 万元以上的罚款含本数，当事人依法有要求举行听证的权利。当事人在接到《税务行政处罚事项告知书》后 3 日内向作出处理决定的税务机关提出书面申请，逾期不提出的视为放弃听证权利，税务机关收到当事人听证请求后在 15 日内举行听证。

11. 申请听证主持人回避的权利

当事人认为听证主持人与本案有直接利害关系的，有权申请让其回避。回避申请应当在举行听证的 3 日前向税务机关提出，并说明理由。

12. 在纳税和行政处罚上发生争议，有权依法申请行政复议、提起行政诉讼

同税务机关在纳税上发生争议时，当事人可以在收到税务机关填发的缴款凭证之日起 60 日内向上一级税务机关申请复议。对复议决定不服的，可以在接到复议决定书之日起 15 日内向人民法院起诉。

当事人对税务机关作出的处罚决定、强制执行措施或者税收保全措施不服的，有权依法申请行政复议，也可以直接向人民法院提起行政诉讼。

13. 对税务机关违法给企业造成的损失，有请求国家赔偿的权利

税务机关使用或损毁扣押的财物、违法实行检查措施或执行措施，给纳税人造成损失的，纳税人有权依法要求赔偿。

7.8.2　什么事项可以申请税务行政复议

自 2016 年 2 月 1 日起施行的《国家税务总局关于修改〈税务行政复议规则〉的决定》（国家税务总局令第 39 号）第十四条规定，行政复议机关受理申请人对税务机关下列具体行政行为不服提出的行政复议申请。

（1）征税行为，包括确认纳税主体、征税对象、征税范围、减税、免税、退税、抵扣税款、适用税率、计税依据、纳税环节、纳税期限、纳税地点和税款征收方式等具体行政行为，征收税款、加收滞纳金，扣缴义务人、受税务机关委托的单位和个人作出的代扣代缴、代收代缴、代征行为等。

（2）行政许可、行政审批行为。

（3）发票管理行为，包括发售、收缴、代开发票等。

（4）税收保全措施、强制执行措施。

（5）行政处罚行为。

①罚款。

②没收财物和违法所得。

③停止出口退税权。

（6）不依法履行下列职责的行为：

①颁发税务登记。

②开具、出具完税凭证、外出经营活动税收管理证明。

③行政赔偿。

④行政奖励。

⑤其他不依法履行职责的行为。

（7）资格认定行为。

（8）不依法确认纳税担保行为。

（9）政府信息公开工作中的具体行政行为。

（10）纳税信用等级评定行为。

（11）通知出入境管理机关阻止出境行为。

（12）其他具体行政行为。

7.8.3　什么事项可以申请税务行政诉讼

税务行政诉讼的受案范围与税务行政复议的受理范围是一致的，是指人民法院审理税务行政争议的范围，即公民、法人或者其他组织对税务机关的哪些行政行为不服可以向人民法院提起税务行政诉讼。根据《行政诉讼法》第二条规定，公民、法人或者其他组织认为行政机关和行政机关工作人员的行政行为侵犯其合法权益，有权依照本法向人民法院提起诉讼。

《行政诉讼法》规定，人民法院受理公民、法人和其他组织对下列具体行政行为不服提起的诉讼。

（1）对拘留、罚款、吊销许可证和执照、责令停产停业、没收财物等行政处罚不服的。

（2）对限制人身自由或者对财产的查封、扣押、冻结等行政强制措施不服的。

（3）认为行政机关侵犯法律规定的经营自主权的。

（4）认为符合法定条件申请行政机关颁发许可证和执照，行政机关拒绝颁发或者不予答复的。

（5）申请行政机关履行保护人身权、财产权的法定职责，行政机关拒绝履行或者不予答复的。

（6）认为行政机关没有依法发给抚恤金的。

（7）认为行政机关违法要求履行义务的。

（8）认为行政机关侵犯其他人身权、财产权的。

在税务行政诉讼中，对税务机关征税行为或决定不服的，必须依照规定先缴纳税款或者相应的纳税担保，然后可以申请复议；对复议决定不服的，可以依法提起行政诉讼。对税务机关的其他行政行为和决定不服的，可以提起行政复议，也可以直接提起行政诉讼。

《行政诉讼法》规定，公民、法人或者其他组织对行政法规、规章或者行政机关制定、发布的具有普遍约束力的决定、命令等抽象行政行为提起行政诉讼的，人民法院不受理。

申请人不服复议决定的，可以在收到复议决定书之日起十五日内向人民法院提起诉讼。复议机关逾期不作决定的，申请人可以在复议期满之日起十五日内向人民法院提起诉讼。法律另有规定的除外。

7.8.4 税务行政赔偿是什么

税务行政赔偿请求人要求赔偿应当先向赔偿义务机关提出，也可以在申请行政复议和提起行政诉讼时一并提出。赔偿义务机关为两个或两个以上的，赔偿请求人可以向其中的任何一个要求赔偿。

《国家赔偿法》第十三条规定，赔偿义务机关应当自收到申请之日起两个月内，作出是否赔偿的决定。

《税务行政复议工作规则》第八十二条规定，行政复议机关对符合国家赔偿法的规定应当赔偿的，在决定撤销、变更具体行政行为或者确认具体行政行为违法时，应当同时决定被申请人依法赔偿。赔偿请求人对赔偿数额有异议的，赔偿请求人可以向人民法院提起诉讼。

由于税务工作的特殊性，税务行政赔偿诉讼中还存在一些特殊规定。

1. 行政先行处理原则

《行政诉讼法》第六十七条第二款规定，公民、法人或者其他组织单独就损害赔偿提出请求，应当先由行政机关解决。对行政机关的处理不服，可以向人民法院提起诉讼。而在提起税务行政诉讼时一并提出赔偿请求无须经过先行处理。

2. 适用调解原则

《行政诉讼法》第六十七条第三款和《最高人民法院关于审理行政赔偿案件若干问题的规定》第三十条规定，行政赔偿诉讼可以适用调解。人民法院审理行政赔偿案件在坚持合法、自愿的前提下，可以就赔偿范围、赔偿方式和赔偿数额进行调解。调解成立的，应当制作行政赔偿调解书。

3. 原告承担举证责任原则

《最高人民法院关于执行〈中华人民共和国行政诉讼法〉若干问题的解释》（法释［2000］8号）第二十七条规定，行政赔偿诉讼中，原告对因受被诉行为侵害而造成损失的事实承担举证责任。

《国家赔偿法》第三十二条规定，国家赔偿以支付赔偿金为主要方式。能够返还财产或者恢复原状的，予以返还财产或者恢复原状。

第 **8** 章
大数据管税下的工资、福利风险防控

员工为什么要为企业工作？相信最原始的需求就是养家糊口，因此工资和福利是驱动企业向前发展的动力。而企业在经营过程中，肯定想以最小的成本获得最大的收益，因而高额的工资支出、社保费支出、福利支出就成为企业的负担。在很长的一段时间里，相信有很多的企业，特别是中小微企业，在工资和福利的处理上并不是很正规，因此也为自己埋下了很多潜在的涉税风险。在大数据管税下，这些风险可以说无处可藏，这就要求企业转变传统思维，以数字思维来迎接新的挑战。

8.1 大数据管税下税务机关对工资、福利的管控更有抓手

2019 年 1 月 1 日新个人所得税法正式实施，2020 年 11 月起全国社保费交由税务机关统一征收，从此企业的工资、福利正式全面纳入税务监管。2020 年 8 月国家税务总局依托阿里云打造的智慧税务数据平台已经完成，数据计算分析速度较之以前提升了 2 000 倍，当下以大数据为代表的新一代税务风险防控体系已经基本建立完成，与工资、福利息息相关的个人所得税和社保费的征收管理在大数据时代面临着新挑战。

8.1.1 由工资表引发的涉税风险

某市税务机关对管辖内一户高新技术企业进行风险扫描，通过数据可以看出，该企业销售额以 30% 的比例增长，企业所得税纳税额也逐年提升，收入和纳税成正相关关系，从数据上看，这是一家在纳税方面非常健康的企业。但是税务风险分析人员在对企业从业人员分析时发现，企业连续三年报送的研发人员数、职工总数、研发人员占比及研发费加计扣除指标均未发生变化，但是企业连续三年固定资产中的设备支出逐年上升，这引起了税务风险分析人员的关注。

税务风险分析人员在进一步分析中发现了两个异常情况：一是企业社保费缴纳人数要远大于报送税务机关的职工人数，二是企业劳务费支出数额较大。

顺着这条线索，税务机关对该企业进行实地核查，检查人员通过检查工资表和固定资产账簿发现：由于这两年该企业设备增加，需要大量一线工人充实生产线，如果将一线工人纳入职工总数计算，企业的研发人员占比就不符合高新技术企业条件了，为了满足高新技术企业的科技人员占当年职工总

人数的比例不低于 10% 这一指标，因此在申报时故意隐匿人员，将所有流水线职工的工资通过劳务费进行发放。

最后税务机关认定该企业不符合享受高新技术企业优惠的条件，要求其对所漏税款进行补缴，并加收滞纳金和罚款。

面对金税四期的大数据风险管控，工资、福利的合规化给企业提出了新的课题，现在的监管不同以往——更加严格、精准，个人所得税、社保费的数据全部由税务机关掌握，企业无法钻空子。

8.1.2　税务机关会怎么查工资、福利风险

工资、福利的数据对税务机关来说较易获取，因此在大数据管税下，风险指向也较准确，税务检查人员在核查工资、福利项目时，一般会从以下几个方面入手。

1. 审核劳动合同、工资发放、社保缴纳等情况

检查企业与员工签订的劳动合同、个人所得税申报明细表、工资表、社保费申报表，有时候还会检查企业成本费用账簿以确认临时用工情况。审核通过金融机构发放工资、缴纳社保费凭证，与企业上述资料进行比对以确认是否存在差异。

2. 分析工资和社保费临界点以下发放和缴纳的情况

重点核实月工资额低于 5 000 元的人数占比情况、社保费按照最低标准缴纳的占比情况，结合企业生产经营情况和生产规模，核实从业职工人数是否属实，个人所得税申报是否全员全额，社保费是否按照实际工资足额缴纳。

3. 检查关键会计科目的税务处理是否准确

分析账簿所记载的"应付职工薪酬"账户的金额与实发工资是否符合逻辑，对各种津贴、补贴、奖金、福利发放的税务处理是否符合要求。着重检查"应付福利费"账户，核实福利费发放的个人所得税和社保费计算基数确认情况。

4. 综合税务采集数据分析

在税务系统中抽取个人所得税、社保费、企业所得税基础信息等与工资、福利相关的数据，并通过风控系统进行数据比对，核查企业报送的数据在从业人数、工资发放上是否存在较大差异。

8.2 正确的工资发放方式

在国、地税合并之前，很多企业都没有实现全员全额申报个人所得税，不给员工缴纳社保费的情况也是普遍存在的，在这段时期很多企业的工资列支都是以现金的形式，除非税务机关去公司查账，一般不会体现什么风险。但是在大数据管税下，如果企业不全员全额申报个人所得税，不给员工缴纳社保费，这些不合规的工资处理的税务风险就会显现，违法成本也会直线上升。下面我们就一起来探讨一下正确的工资发放方式。

8.2.1 用现金发放工资真的不行吗

在实务中有一种说法：用现金发放工资肯定会被税务机关认定为有问题，那么事实真的如此吗？

《工资支付暂行条例》第五条规定，工资应当以法定货币支付。人民币作为法定货币，企业以现金的形式发放工资完全符合法律规定。从这里我们可以看出，用现金发放工资并不违法。

其实税务机关真正关心的不是用银行存款发放工资还是现金发放工资，因为即便是用银行存款发放也存在资金回流的问题。那么税务机关真正关心的是什么问题呢？我们来看下面一个案例。

A公司成立于1995年，公司管理者观念比较陈旧，认为奖金收入以现金形式发放更能激励员工，因而季度奖金、年度奖金均以现金的形式发放至员工手中。2021年在税务机关随机抽查中，税务人员发现A公司存在大量以现金形式发放的工资，认为存在风险疑点，因此就现金支付进行核查。

A 公司财务人员将员工花名册、考勤表、带有员工签字的工资单、个人所得税代扣代缴申报表、社保费申报表及相关完税（费）的凭证全部提交给税务检查人员，经检查人员核实，企业提交的资料均符合相关规定。之后税务检查人员随机抽取工资单上 30% 数量的员工进行询问，均得到实际已取得奖金的答复，由此税务检查人员排除此风险点。

从这个案例中我们可以看出，只要工资发放真实、符合税务相关政策规定，用现金发放是可以的。但是现金毕竟在税务证据链留痕上存在一定的难度，因此在用现金发放工资时一定要注意相关证明的留存，比如工资单一定要有员工本人的领取签字，花名册、考勤表、个人所得税代扣代缴申报表和社保费申报表及完税（费）单据一定要留存好，以免留下后患。

8.2.2　拆分工资发放真的合理吗

现在有一种常见的做法，叫作拆分工资节税。这种操作其实很简单，就是企业将一部分工资通过工资表发放，另一部分工资通过发票来报销，比如员工有车就可以把车租给公司，如果月租金低于 800 元连个人所得税都不用交，油费、过路费员工可以凭票报销。

这种方式确实从表面上看是非常完美的，个人所得税可以降低税基，社保费缴纳基数也降低了，企业还可以拿发票入账做税前扣除，但是这么处理真的没问题吗？我们来看下面这个案例。

M 公司共有员工 100 人，为了降低员工个人所得税和社保费的支出，公司规定所有实发月薪超过 5 000 元的员工的工资可以选择在工资表上只体现 5 000 元，其余部分通过取得记录公司名头的发票（餐饮发票除外）的方式到公司报销。

税务机关在检查中无意间注意到，财务人员小张每月都就同一车牌号的车辆报销油费、过路费等，每月报销金额均在 6 000 元左右，检查人员发现该车辆的过路费发票的出发地和到达地大都为环城高速的两个收费站，且距离 M 公司较远。经过约谈小张，检查人员得知小张没有驾照，该车平时由小张的爱人上下班使用。

通过这个线索，税务机关认定 M 公司存在将个人消费违规入账，恶意降低个人所得税和社保费缴纳基数的问题，对 M 公司处以调增企业所得税费用，补缴个人所得税和社保费并处少缴税（费）款 2 倍罚款的处罚。

拆分工资不是简简单单解决发票扣除就万事大吉的，如果这种操作与企业经营业务不相关，那么税务机关很容易就能找出漏洞来。

8.2.3　大数据管税下万万不能采用的工资发放形式

在大数据管税下，随着税费数据的高度聚合和第三方数据的广泛应用，人为可操作空间将会越来越小，因此有些行为在工资发放时是万万不能有的。

1. 虚列工资千万不要去做

我们都知道个人所得税 App 有一个非常强大的功能，即每个人都能清楚完整地查到企业为自己代扣代缴的个人所得税，比如企业向一个员工实际支付工资 2 000 元，但是在代扣代缴个人所得税时申报 5 000 元，或者冒用个人信息进行虚假代扣，在大数据之下，个人发现后可以通过申诉功能对企业行为进行举报，一旦企业被税务部门核查发现问题，那么就离被查补税（费）款不远了。

2. 拆分发放主体

一个主体与员工签订正式劳动合同，用分公司或子公司与员工签订非全日制用工合同，由于企业无须为非全日制用工缴纳社保费，所以可间接降低社保费缴纳基数。在大数据管税之下，社保费已经入税，这种操作方式是极容易被发现漏洞的，而且该行为是违法的。

3. 给"李鬼"发工资

比如一个人的工资是 10 000 元，为了不缴纳个人所得税，让企业把工资拆成 2 份，5 000 元发给自己，5 000 元发给自己的亲戚朋友。通过这个操作确实可以避免缴纳个人所得税，但是假的就是假的，税务大数据风险系统一比对就会露出马脚。

4. 通过人力外包公司发福利

现在很多企业进行所谓的"筹划"，将公司员工的部分福利和工资，委托人力外包公司来发放，取得差额扣除发票，个人所得税不代扣代缴。在大数据管税下，差额扣除发票必将与个人所得税代扣代缴相关联，税务机关也会做一个概率分析，人力资源工资代扣代缴个人所得税申报金额小于差额部分开票金额、受票方差额发票占比较高等，都会触发税务风险指标。

8.3　工资发放中的涉税风险点

根据税收征收管理的相关规定，负有代扣代缴义务的单位和个人为扣缴义务人，都应依法代扣代缴税款，保障国家税收收入，代扣代缴个人所得税是支付工资的企业的义务。随着我国税收制度逐渐完善，个人所得税作为一个最终决定社会财富分配的直接税种必将成为税收监管的重点。

8.3.1　个人所得税已完税的代开发票有风险吗

在实务当中，某些地方的税务机关提供自然人代开发票业务，个人所得税可以按照经营所得以较低的个人所得税核定率代开发票，相信很多企业都通过这种方式发放工资，特别是股东分红和高管工资。谈到这里，相信大部分人都会认为这是合法的节税手段，因为是税务机关核定征收的个税，税务机关代开的真实发票，但事实真的如此吗？我们先来看一个真实的案例。

甲省 J 公司在 2022 年 6 月接到税务机关的通知，要求其就 2021 年 10 月取得的本省自然人小李在乙省代开的咨询费发票进行劳务报酬的代扣代缴申报。J 公司向税务机关提交了自然人小李在乙省的个人所得税完税证明，乙省按照 1% 的个人所得税核定率进行了征收。

税务机关在看到完税凭证后并未采纳，并提出以下问题。

（1）小李户籍地和经常居住地在甲省，J 公司也在甲省，由此推断业务发生地也为甲省，根据税法相关规定，纳税地点应为小李户籍所在地、经常居住地或J公司所在地。

（2）小李该年仅代开了一笔发票，咨询业务显然不是持续开展的，属临时发生，且无经营场所，不具备个体经营特征，应属为J公司提供的劳务活动。

J公司面对税务机关的质疑，无法提供证明业务合理性的材料，最终承认是为了减轻个税税负到乙省代开发票，就支付小李的劳务报酬代扣了个人所得税。

讲到这里，可能还有一些人有疑问：核定征收个人所得税是税务机关作出的，虽然不是一个省，但这是不是税务机关执行标准有地域化差别呢？不是，税收征收管理法就税务机关责任造成的纳税人少缴税款有明确的追征期——三年。在大数据管税下，风险由税务总局集中管理，某地税务机关征收有瑕疵，指派主管地税务机关纠正错误是没有问题的。

8.3.2 容易混淆的几个工资处理风险点

工资发放是一个综合性的工作，在涉税处理时一不小心就容易产生涉税风险。在这里我们提示几个经常发生且容易混淆的风险点。

1. 探亲假补贴的风险

探亲假路费是可以在职工福利费当中进行列支的，无须纳入个人所得税和社保费申报基数。有些单位特别关心员工，不但报销路费还发放补助，这个补助不能计入福利费列支，必须计入工资薪金。虽然同是因为探亲假而发生的费用，但是两者的处理却不同，极易混淆。

2. 离退休职工的福利费风险

有些企业每年都会对离退休人员进行节日的慰问，发放一些福利，从情理上讲虽然退休了，但也是为企业做过贡献的，发放福利无可非议。但是《国家税务总局关于离退休人员取得单位发放离退休工资以外奖金补贴征收个人所得税的批复 》（国税函〔2008〕723号） 规定，离退休人员除按规定领取离退休工资或养老金外，另从原任职单位取得的各类补贴、奖金、实物，不属于《中华人民共和国个人所得税法》第四条规定的可以免税的退休工资、离休工资、离休生活补助费。从这里可以看出，企业给离退休职工发福利是需要代扣个人所得税的。

3. 学历教育补贴的风险

现在有很多企业特别重视员工自身素质提升，对员工取得社会上的学历和学位给予报销学费的奖励。企业在处理时往往会将相关费用直接计入职工教育经费进行限额扣除，但是根据财建 2006 第 317 号文的规定，参加社会上的学历教育及个人为了学位而参加的在职教育，所需费用由个人承担。从这里可以看出，虽然企业给报销了学费，但是这个报销的学费应属于个人工资，是需要正常代扣个人所得税的。

8.4　季节性用工、临时工、实习生工资

对于有些企业，由于季节性的问题，到了生意的旺季便会招一些季节性临时工，有些企业因为岗位和业务需要会招聘一些临时工，还有一些企业会每年与高校合作，提供一部分实习岗位，招收实习生。有关季节性用工、临时工、实习生如何支付工资，是大家普遍关心的问题。接下来我们就来一起探讨一下。

8.4.1　有关临时用工所得性质的界定

临时用工的概念在劳动法中并没有明确的界定，实务中我们对临时性用工的认知就是在特殊的时期、因特殊的事由、在特定的岗位暂时在单位工作的人员，具有临时性、季节性用工性质。

临时用工一般来说既可以签订劳动合同，也可以签订劳务合同，在这里就要分清雇佣关系和劳务关系，因为劳动合同和劳务合同虽然只有一字之差，但税务上的处理是完全不同的。

比如，某工艺品生产公司，在春节前夕春联订单量大增，公司内员工已无法承担如此大的工作量，因此公司在 11 月就开始招聘一些工人来应对业务量的激增。招聘来的工人不是长期工作的，只在春节订单生产期的时候才工作，这种情况实际上双方已经成立了劳动关系，属于雇佣关系可以签订劳动合同，相关支出属于工资支出，公司应按照工资、薪金所得代扣个税。

如果该公司为了确保春节订单期间设备能够正常运转，于是在别的工厂请来一位机械调试人员，对生产设备进行一次全面的检查，使之很好地运作。在这种情况下，机械调试人员自主提供劳务服务，该公司提供报酬，且机械调试人员与该公司未形成隶属雇佣关系，这种情况双方应当签订劳务合同，公司应按劳务报酬所得代扣个税。

8.4.2　有关临时用工和实习生社保费的问题

现在很多公司都会有季节性用工和临时用工的情况，实习生在一部分企业中也是普遍存在的，那么企业到底需不需要为这些人员缴纳社保费呢？

《劳动和社会保障部关于确立劳动关系有关事项的通知》（劳社部发〔2005〕12 号）第一条规定如下。

用人单位招用劳动者未订立书面劳动合同，但同时具备下列情形的，劳动关系成立。

①用人单位和劳动者符合法律、法规规定的主体资格。

②用人单位依法制定的各项劳动规章制度适用于劳动者，劳动者受用人单位的劳动管理，从事用人单位安排的有报酬的劳动。

③劳动者提供的劳动是用人单位业务的组成部分。

从这里看出，未签订劳动合同但是形成实质劳务关系的员工在法律上也被确认为企业员工，在实务中，很少有临时性用工人员与企业签订劳动合同，这并不影响临时性用工人员是企业员工的事实，因此无论是季节性用工人员还是临时性用工人员，企业都应按照国家规定为其缴纳社保费。

如果临时性用工人员签订的是劳务合同，与企业形成的是劳务关系，劳务提供者属于独立经济个体，在这种情况下企业不需要为其缴纳社保费。在这里需要注意，劳务报酬需要代开发票，并且支付报酬的企业需要代扣个税。

关于实习生的社保费，实习生属于在校生，利用业余时间勤工俭学、实习等，不视为就业，实习生并非劳动法意义上的劳动者，实习阶段与用人单位的关系是劳务关系，不是劳动关系，因此企业可以不用为其缴纳社保费。

在这里需要强调的是，试用期员工和实习生是不同的，根据社会保险法的规定，用人单位应当自试用期员工用工之日起 30 日内为其缴纳社保费。试用期是在劳动合同约束范畴内的，因此企业是需要为试用期员工缴纳社保费的。

8.5　劳动保护费与福利费在个人所得税和社保中的处理

现在很多企业都比较注重劳动保护，各行各业的企业都会发生购进安全帽、防护手套、口罩、防护服等防护用品的劳动保护费，但是在实务中很多财务人员搞不清这些支出该如何进行税务处理，有时候还容易和福利费的政策适用混淆。劳动保护费和福利费在涉税处理上有着很大的不同，下面我们来一起梳理比较一下。

8.5.1　劳动保护费和福利费的概念

劳动保护费的概念源自《劳动防护用品监督管理规定》（国家安全生产监督管理总局令第 1 号），里面规定的劳动防护用品，是指由生产经营单位为从业人员配备的，使其在劳动过程中免遭或者减轻事故伤害及职业危害的个人防护装备。

关于福利费的范围界定，《国家税务总局关于企业工资薪金及职工福利费扣除问题的通知》（国税函〔2009〕3 号）和《企业所得税法实施条例》第四十条对企业职工福利费进行了详尽的规定。

（1）尚未实行分离办社会职能的企业，其内设福利部门所发生的设备、设施和人员费用，包括职工食堂、职工浴室、理发室、医务所、托儿所、疗养院等集体福利部门的设备、设施及维修保养费用和福利部门工作人员的工资薪金、社会保险费、住房公积金、劳务费等。

（2）为职工卫生保健、生活、住房、交通等所发放的各项补贴和非货币性福利，包括企业向职工发放的因公外地就医费用、未实行医疗统筹企业职工医疗费用、职工供养直系亲属医疗补贴、供暖费补贴、职工防暑降温费、职工困难补贴、救济费、职工食堂经费补贴、职工交通补贴等。

（3）按照其他规定发生的其他职工福利费，包括丧葬补助费、抚恤费、安家费、探亲假路费等。

通过以上文件规定我们可以看出，劳动保护费是保护生产过程中劳动者安全的防护装备支出，与生产经营直接相关，而福利费更接近于为职工提供生活保障。

举个例子，冬季某建筑企业为室外高空作业人员发放防冻护手霜，这是作业过程中的劳动保护，相关费用属于劳动保护费；为办公人员发放同样的防冻护手霜，与作业无关，相关费用就是福利费。

8.5.2　劳动保护费和福利费在个人所得税处理中的差异

我们先来看一下税法对福利费在个人所得税方面免征的规定。

《中华人民共和国个人所得税法》和《中华人民共和国个人所得税法实施条例》（国令第707号）规定，根据国家有关规定，从企业、事业单位、国家机关、社会组织提留的福利费或者工会经费中支付给个人的生活补助费，免征个人所得税。

《国家税务总局关于生活补助费范围确定问题的通知》（国税发〔1998〕155号）规定如下。

（1）生活补助费，是指由于某些特定事件或原因而给纳税人或其家庭的正常生活造成一定困难，其任职单位按国家规定从提留的福利费或者工会经费中向其支付的临时性生活困难补助。

（2）下列收入不属于免税的福利费范围，应当并入纳税人的工资、薪金收入计征个人所得税。

①从超出国家规定的比例或基数计提的福利费、工会经费中支付给个人的各种补贴、补助。

②从福利费和工会经费中支付给单位职工的人人有份的补贴、补助。

③单位为个人购买汽车、住房、电子计算机等不属于临时性生活困难补助性质的支出。

根据个人所得税法及相关文件的规定，对于直接支付给个人的福利费支出，不论是现金还是实物，除生活补助费等明文规定免征个人所得税以外，均应征收个人所得税。对于集体享受的，不可分割并以非现金方式提供的福利，目前原则上不征收个人所得税。

根据个人所得税的相关法律和文件的规定，劳动保护费是为从业人员提供在劳动过程中免遭或者减轻事故伤害及职业危害的个人防护装备的支出，属于生产经营过程中的必要消耗，偏向于企业经营支出，不是工资支出和个人所得，因此劳动保护费不属于个人所得税征收范畴。

8.5.3　劳动保护费和福利费的社保费处理

《劳动部关于贯彻执行〈中华人民共和国劳动法〉若干问题的意见》（劳部发〔1995〕309）规定，劳动者的以下劳动收入不属于工资范围。

（1）单位支付给劳动者个人的社会保险福利费用，如丧葬抚恤救济费、生活困难补助费、计划生育补贴等。

（2）劳动保护方面的费用，如用人单位支付给劳动者的工作服、解毒剂、清凉饮料费用等。

从这个文件我们可以看出，劳动保护类支出是无须纳入工资总额去计算缴纳社保费的。福利费中的社会保险类福利费用也无须纳入工资总额计算缴纳社保费。福利费涵盖的范围非常广，那么其他的福利费应该如何处理呢？

财政部发布的《财务部关于企业加强职工福利费财务管理的通知》（财企〔2009〕242 号）规定福利费的排他情形。

（1）企业为职工提供的交通、住房、通信待遇，已经实行货币化改革的，按月按标准发放或支付的住房补贴、交通补贴或者车改补贴、通讯补贴，应当纳入职工工资总额，不再纳入职工福利费管理。

企业给职工发放的节日补助、未统一供餐而按月发放的午餐费补贴，应当纳入工资总额管理。

（2）职工福利是企业对职工劳动补偿的辅助形式，企业应当参照历史一般水平合理控制职工福利费在职工总收入的比重。按照《企业财务通则》第四十六条规定，应当由个人承担的有关支出，企业不得作为职工福利费开支。

…………

从以上文件可以看出：第一，职工福利是企业对职工劳动补偿的辅助形式；第二，直接货币化、实物化的福利应纳入工资总额。属于工资性质的福利费支出需要纳入工资总额计算缴纳社保费，属于劳动补偿性质的且在计提标准内的福利费可以不纳入工资总额。

举个例子来看，一个企业在中秋节为每名员工发放某商场购物卡一张，购物卡是具有代金性质的，是不是需要按照过节费纳入工资总额呢？

一般来说如果企业通过福利费核算以上费用，直接发放给员工就会被认定为属于工资总额，应纳入社保费缴纳基数。但是如果购物卡是通过工会经费支出的，一般来说会被认定为具备劳务补偿性质的福利费，无须纳入社保费缴纳基数。

8.6　包干制下的差旅费

差旅费是很多企业在生产经营过程中经常发生的一个费用支出项目，差旅费涵盖了交通、住宿、餐饮等项目，其中的餐饮项目支出经常会被税务机关认定为业务招待费，因此很多企业为了避免这个麻烦，就选择采用包干制的形式去处理差旅费。在这个过程中，企业财务人员其实也有一个困扰：包干制差旅费按什么标准报销才能够减小争议，如果没有发票会不会被税务机关认可。

8.6.1　包干制差旅费究竟包括什么

关于差旅费的概念，目前无论是税法还是会计准则均无一个明确的解释和规定，实务中，企业在采用包干制处理差旅费时，能够参照的标准只有《中央和国家机关差旅费管理办法》。

从 2007 年 1 月 1 日起，出差人员住宿，暂时按照副部长级人员每人每天 600 元、司局级人员每人每天 300 元、处级及以下人员每人每天 150 元标准凭据报销。差旅费开支范围包括城市间交通费、住宿费、伙食补助费和公杂费。城市间交通费和住宿费在规定标准内凭据报销，伙食补助费和公杂费实行定额包干。出差人员的伙食补助费按出差自然（日历）天数实行定额包干，每人每天 50 元。出差人员的公杂费按出差自然（日历）天数实行定额包干，每人每天 30 元，用于补助市内交通、通信等支出。

按照上面文件的规定，企业在伙食补助、公杂费、市内交通补贴和通信补贴上是可以实行包干制报销差旅费的。企业并不等同于政府部门，住宿标准是无须参照上述文件规定的，但是需要注意的是，包干制报销差旅费的标准，很多税务机关还是参照这个文件的。

8.6.2　包干制差旅费是否需要取得发票扣除

M 公司实行差旅费包干，交通费实报实销，住宿、餐饮按照以下标准包干：北上广深 800 元 / 天，一线城市 600 元 / 天，二线城市 400 元 / 天，三线及以下城市 300 元 / 天。超过标准的部分，员工自己承担，报销只需凭出差审批单和交通费发票。在这种情况下，住宿、餐饮等其他费用均无发票，税务处理时是否会存在风险？

根据《企业所得税税前扣除凭证管理办法》（国家税务总局公告 2018 年第 28 号）的规定，税前扣除凭证分为外部凭证和内部凭证，在外部凭证当中，发票是证明业务真实性和相关性的重中之重。市内交通费、出差期间通信费、餐饮费这类费用，可能是个人在出差期间的公务支出，但也不排除是个人在出差闲暇之余外出逛街的个人消费，采用包干制预估出差期间合理费用支出，能够有效降低企业的税前扣除风险，这类包干处理是税法认可的。

如果出差期间支出能够分清个人消费和公务支出，比如住宿费，因为员工在出差期间，公司安排住宿是理所应当的，那么就应取得发票。不少企业实行差旅费包干之后，甚至交通费都不再要求凭发票报销，这部分税前扣除是存在一定税务风险的。

在实务中，大多数企业在差旅费列支的费用主要有以下几类，那么我们就来总结一下，哪些需取得发票，哪些可以实行包干制。

（1）交通费：出差途中的车票、船票、机票等费用。此类费用必须取得发票进行实报实销处理，因为发票是证明业务真实性的重要依据。

（2）车辆费用：如果是自带车辆，出差路上的油费、过路费、停车费等。过路费必须取得相关的票据进行实报实销，以证明业务确实真实发生。油费、停车费可以根据出差的距离和里程进行包干处理。

（3）住宿费：出差期间的住宿费应取得发票，以证明出差人员按照出差审批在当地开展任务。

（4）补助、补贴：误餐补助、交通补贴等。此类费用可以实行包干制处理。

（5）市内交通费：目的地的公交、出租等费用。此类费用可以实行包干制处理。

（6）杂费：行李托运费、订票费等。此类费用应取得发票实报实销。

8.7　防暑降温费与取暖费

很多企业在进行防暑降温费和取暖费的财税处理时，下意识地就会直接计入职工福利费，在进行个人所得税和社保费处理时会直接计入免征收入。这么处理到底对不对呢？其实防暑降温费和取暖费在涉税处理上确实需要分情况处理的，下面我们就一起来探讨一下。

8.7.1　防暑降温费的涉税处理

《国家安全生产监督管理总局　卫生部 人力资源和社会保障部 中华全国总工会关于印发防暑降温措施管理办法的通知》（安监总安健〔2012〕89号）第十一条规定，用人单位应当为高温作业、高温天气作业的劳动者供给足够的、符合卫生标准的防暑降温饮料及必需的药品。不得以发放钱物替代提供防暑降温饮料。防暑降温饮料不得充抵高温津贴。

由此可见，按规定应对高温天气作业人员提供劳动保护，一般情况下，对于这类支出，实属劳动保护范围，在个人所得税和社保费申报时无须纳入申报基数。

通知的第十七条规定，劳动者从事高温作业的，依法享受岗位津贴。用人单位安排劳动者在 35℃以上高温天气从事室外露天作业以及不能采取有效措施将工作场所温度降低到 33℃以下的，应当向劳动者发放高温津贴，并纳入工资总额。高温津贴标准由省级人力资源社会保障行政部会同有关部门制定，并根据社会经济发展状况适时调整。

因此，在高温下工作的劳动者享有的高温补贴应作为工资进行归集，是纳入个人所得税和社保费申报基数的。

向其他员工发放防暑降温补贴，就要按照《国家税务总局关于企业工资薪金及职工福利费扣除问题的通知》（国税函〔2009〕3号）的规定来处理。虽说这类职工的防暑降温费在福利费核算，但也应纳入工资总额计算缴纳个人所得税和社保费。

8.7.2　取暖费的涉税处理

《个人所得税法实施条例》规定，工资、薪金所得是指个人因任职或者受雇而取得的工资、薪金、奖金、年终加薪、劳动分红、津贴、补贴以及与任职或者受雇有关的其他所得。企业发放的取暖费属于工资、薪金所得中发放的补贴，应计入工资总额缴纳个人所得税。

但税法规定，按照国家统一规定发放的补贴、津贴可以免缴个人所得税，企业按照国家统一规定发放的取暖费和取暖用品支出，免征个人所得税，同时也不纳入社保费计算基数。

目前对于取暖费的发放标准，各省份的规定不一致，大多数省份规定的是，对采用现金形式发放取暖费的，不超过按各地政府规定的单位取暖费标准及住房标准计算的部分，暂不征收个人所得税，超过部分并入当月工资、薪金所得，征收个人所得税。

以北方某省的 A 公司为例，A 公司为其总经理以现金方式报销别墅取暖费 9 000 元，该省规定的取暖费标准为每年 3 500 元，那么为总经理报销的 3 500 元部分属于免税收入无须缴纳个人所得税，也无须纳入社保费缴纳基数，多出的 5 500 元并入总经理的工资、薪金所得，需要申报缴纳个人所得税并纳入社保费缴纳基数。

8.8　劳务派遣的合规化处理

随着企业用工成本的不断增加，为了保障核心业务的顺利开展，很多企业都会将边缘或配套业务交由劳务派遣公司或劳务外包公司去做。劳务派遣毕竟涉及至少三方主体，法律关系相对于直接用工较为复杂，因此在经营中也存在一定的法律风险和涉税风险，那么作为一家接受劳务派遣服务的用工企业，在经营过程中应该注意哪些事情呢？

8.8.1　劳务派遣的用工形式

在劳务派遣用工形式下，劳动者是与劳务派遣单位签订劳动合同、建立劳动关系的，这种劳动关系又有别于一般的劳动关系，劳务派遣单位并不实际使用劳动者，而是将其派遣至实际用工单位从事工作。说得直白点就是劳务派遣单位拥有劳动者的隶属权，用工单位拥有劳动者的使用权。

在这种关系下，劳务派遣单位的主要义务是为用工单位提供符合其要求的劳动者，用工单位的义务主要是向劳务派遣单位支付服务费，通过这种形式，用工单位可以将一些用工责任转嫁给劳务派遣单位，也可以通过差异化设置薪酬结构，降低用工成本。

在实务中，劳务派遣也可分为两种形式：第一种是劳动者的工资薪金、福利、社保费及劳务派遣服务费均由用工单位支付给劳务派遣单位，再由劳务派遣单位将个人部分发放给劳动者；第二种是由用工单位直接支付工资薪金给劳动者，用工单位每月向劳务派遣单位支付管理费。

8.8.2　劳务派遣的个人所得税处理

《个人所得税法》第九条明确规定：个人所得税以所得人为纳税人，以支付所得的单位或个人为扣缴义务人。这里也就明确了谁支付工资给个人，谁就负有个人所得税的代扣代缴义务。同时国家税务总局在个人所得税改革后如何申报的 88 个问题当中对临时工的个人所得税征收也进行了进一步的明确：按月发放工资的，应属用工企业雇员，正常按工资薪金申报。

基于上述的规定，劳务派遣的个人所得税就是按照谁支付谁代扣的原则去处理。如果用工单位采用劳务派遣单位为劳动者发放工资、福利，缴纳保险的方式，则劳务派遣公司应为劳动者个人所得税的扣缴义务人，按照个人所得税相关规定申报扣缴个人所得税；如果用工单位采用的是自己发放工资的方式，那么用工单位就是劳动者个人所得税的扣缴义务人。

8.8.3 劳务派遣的社保费处理

《劳动合同法》第五十八条规定了劳务派遣单位是本法所称用人单位，应当履行用人单位对劳动者的义务。《劳务派遣暂行规定》第八条规定，劳务派遣单位应依法为劳务派遣劳动者缴纳社保费，并办理社会保险相关手续。第十九条规定，劳务派遣单位在用工单位所在地设立分支机构的，应由分支机构为被派遣劳动者办理参保手续，缴纳社保费，如果劳务派遣单位未在用工单位所在地设置分支机构的，由用工单位代劳务派遣单位为被派遣劳动者办理参保手续，缴纳社保费。

比如，A市甲企业需要通过劳务派遣形式招聘一批装卸搬运工，与B市乙劳务派遣企业签订劳务派遣合同并开展相关业务，合同约定劳务派遣方负责被派遣人员的工资、福利发放和社保缴纳。如果乙企业由于在A市没有分支机构，根据相关规定无法为被派遣人员在A市办理社保的，由甲企业代为办理参保手续并缴纳社保。如果乙企业为了该业务在A市成立一家分支机构，那么就应由分支机构为被派遣人员办理参保手续并缴纳社保。

8.9 劳务报酬怎么处理才没有风险

当今社会经济快速发展，就业形态也发生了很大变化，有很多有资源、有技能的人都选择灵活就业或者兼职，这也使得现在很多企业会向个人采购服务。比如有些软件公司在开发软件时会招聘兼职的编程团队，有些企业在拓展业务时会招聘有资源的兼职销售人员。

以上活动对应的收入对劳动者来说就是劳务报酬所得。劳务报酬所得是需要缴纳增值税及附加税且由支付方代开发票，所以支付方需要预扣预缴个人所得税，而且预扣预缴率最低是20%，因此很多劳动者认为税负率太高，不愿意正规代开发票，更不愿意支付方把个人所得税扣除，这就造成了双方都存在很大的涉税风险。

8.9.1　劳务报酬的个人所得税真的很高吗

2019 年新个人所得税法实施后，劳务报酬，工资、薪金、特许权使用费，稿酬同属于综合所得税，以每一纳税年度的收入额减除费用六万元以及专项扣除、专项附加扣除和依法确定的其他扣除后的余额，为应纳税所得额。

综合所得只有一个税率表，也就是说劳务报酬的税率和工资、薪金的税率是一样的。其实关键的症结在于劳务报酬的个人所得税预扣率太高了，劳务报酬在发生时的预扣率是 20% ~ 40%，只有在次年 3 月 1 日至 6 月 30 日进行个人所得税汇算的时候才能按照综合所得税率表进行汇算，多退少补。

从个人角度来看，劳务报酬与工资、薪金适用税率没区别，无非就是资金占用问题，个人总体税收负担并没有加重。

从用工单位角度来看，劳务报酬和工资、薪金同属综合所得，其代扣代缴义务遵循的原则也是谁支付谁代扣，如果取得发票不代扣个人所得税，或者把个人代扣的税款扣除不去申报，那么税务风险就集中在用工单位，税务机关会先向用工单位追征个人所得税。

8.9.2　劳务报酬能不能分摊申报

在综合所得中劳务报酬所得、稿酬所得、特许权使用费所得，属于一次性收入的，按次纳税；属于同一项目连续性收入的，以一个月内取得的收入为一次纳税。既然是按次纳税，而且每次还可以扣除 20%，那么把劳务报酬多次分摊申报不就可以降低预扣税款了吗?

比如一个人为一个企业提供编程服务，取得了 12 万元的劳务报酬，编程耗时 6 个月，故企业和个人约定一个月分摊 2 万元进行申报，分 6 个月分摊。

劳务报酬 20 000 元及以下的预扣率是 20%，而 12 万元的预扣率是 40%，这样分摊申报确实要比一次性申报扣除的个人所得税要低很多。

但是实际操作中却存在一定的风险，如劳务的提供、发票的开具和资金的支付无法匹配。案例中的编程劳务报酬为 12 万元，劳务费一次性支付，发票也一次性代开，合同未列明分次支付，支付方仅在代扣环节进行了分摊，那被税务机关查出来就是虚构计税依据少缴税款。

劳务报酬的分摊申报筹划是一种好的方式，但是要注意分摊和实质业务开展要保持高度一致。

8.9.3 注册个体工商户或个人独资企业转变收入取得性质可行吗

其实《个人所得税法》对经营所得和劳务报酬所得的界定不是很清晰，以咨询为例，个人可以直接为企业进行咨询，个人也可以成立一个个体咨询服务部为企业进行咨询，没有任何法律规定个人经营咨询服务就合法，个体工商户经营就不合法。

税务机关对个体工商户经营会从三方面进行判定：一是有固定经营场所；二是业务持续经营；三是有雇佣人员或稳定的上下游。一般来说符合这几个条件，是能够以个体工商户经营形式开展业务的，毕竟个体工商户经营所得除了可以扣除每年六万元减除费用、专项扣除及专项附加扣除以外，还可以扣除经营费用和支出，适用 5% ～ 35% 的五档税率，最高档税率也是低于综合所得最高档税率 45% 的。

需要注意的是，这种筹划方式是有前提的，就是必须事前筹划，如果已经以个人身份完成了劳务，收取了劳务报酬，一看纳税太多，然后才去成立一个个体工商户或个人独资企业开票给企业，或者成立几个个体工商户或个人独资企业去适用低档税率，那就属于事后筹划，没有商业实质，虚构业务，就是为开票成立的。

现在各大媒体发布的利用个人独资企业、个体工商户转变收入性质进行偷税漏税的报道，让很多人不敢触及这些组织形式。其实无论是个人独资企业还是个体工商户都不是原罪，罪魁祸首是虚构业务，没有发生商业实质，仅通过申报手段去偷逃税款才是最大的问题。

第 **9** 章
大数据管税下的热点财税问题

　　在大数据管税下，企业的信息对税务机关来说将会越来越透明，随着金税四期建设的推进，越来越多的风险疑点进入了我们的视野。近几年来，税务机关通过大数据分析，对一些长期存在的不规范涉税处理进行了监控，并通过试点地区进行实地验证，基本上已经形成了一套成熟的风险防控模式，这对企业的财务人员来说，将会面临非常严峻的考验。下面我们一起来对税务机关最关注的热点财税问题进行深度的剖析。

9.1 转让股权和转让不动产哪个更合适

众所周知我国这些年地产经济发展迅猛，土地和房产的价值直线飙升，如果处置一个 10 年前购置的土地或房产，那取得的利润会非常丰厚，对于一些企业来说经营 10 年取得的利润都比不上一次不动产的转让。正是因为这一点，税务机关十分关注企业的不动产转让业务。所谓税筹空间无非就是直接卖不动产，还是企业和不动产打包一起卖，那么哪种操作能给企业带来最大节税效益呢？我们一起来看看。

9.1.1 转让股权和转让不动产的纳税政策分析

转让股权或不动产，无论采用哪一种转让方式，要实现合理节税，首先必须保证不能违反税法的相关规定，必须在守法的基础上进行筹划，因此我们需要弄懂它们各自涉及的税收政策。

1. 通过转让股权进行不动产交易涉及的政策

在股权转让过程中，对于转让方而言，根据相关政策规定，增值税和契税是免于缴纳的，如果符合重组特殊性税务处理的几个条件，转让方的企业所得税也是无须缴纳的，因此在实际的转让过程中，转让方只需要缴纳印花税和土地增值税。

在这里有人会问，股权转让的标的物是股权，而不是不动产，为什么要缴纳土地增值税呢？国家税务总局曾先后就广西、天津等税务部门提交的请示进行了批复，分别为国税函［2000］687 号、国税函［2009］387 号、国税函［2011］415 号，这三个批复都无一例外地强调以股权形式表现的资产主要是土地使用权、地上建筑物及附着物，利用股权转让方式让渡土地使用权，实质定义为房地产交易行为，应征收土地增值税。

虽然国税函［2000］687 号、国税函［2009］387 号、国税函［2011］

415 号三个文件是国家税务总局对个例案件的批复，并未抄送各地税务机关，不是规范性文件，也不具备普遍适用性，但是如果以转让不动产为目的进行股权转让，且交易存在股权溢价，税务机关普遍的执行标准就是要征收土地增值税。

2. 直接转让不动产涉及的政策

在不动产的转让过程中，转让方需要缴纳的税款是不确定的。这里面涉及一些特殊的税收优惠政策，仅就直接销售不动产而言，对于转让方来说需要缴纳的税款有增值税、企业所得税、土地增值税、印花税；对于受让方来说需要缴纳契税和印花税，这就与以股权转让形式处置不动产形成了鲜明的对比。直接转让不动产需要转让方缴纳的税种要比股权转让多得多，那么相对而言这种转让方式也必然会承受更多的税收。

9.1.2　如何通过股权转让取得最好节税效果的筹划

A 公司准备将其 100% 控股的 B 公司的全部股权转让给 M 公司，股权转让价格为 3 亿元，股权转让成本为 1.2 亿元。B 公司名下主要资产为一处占地 100 余亩（1 亩 =666.67 平方米）的厂区，土地使用权为出让取得，土地成本价格为 4 000 万元，房产为自建，成本为 6 000 万元，其余资产为价格相对稳定的金属原材料和少部分现金。由于项目投资方向有误，厂区自建设以来没有开展经营活动。

如果 A 公司直接转让 B 公司 100% 股权，从 1.8（3-1.2）亿元上来看，其股权溢价主要来源于名下的土地和房产，A 公司很有可能被税务机关认定为利用股权转让让渡土地使用权，进而要求其缴纳土地增值税。

那么 A 公司转让 B 公司股权该如何进行税收筹划，才会不被认定为需要缴纳土地增值税呢？一般来说采用的方式是先增资再转让。

接上例，A 公司股权转让时点定于 M 公司（投资方）增资，B 公司开始经营后。由 M 公司先以 1.2 亿元向 B 公司增资，取得 B 公司 50% 的股权，增资后 B 公司可以正常开展业务。在 B 公司经营步入正轨后，A 公司再以具有合理商业目的的股权转让方式，将其持有的 B 公司股权以 3 亿元转让给 M 公司。

这种操作的实质就是先取得经营权，再取得所有权，一个正常经营的企业一般来说是不会被认定为利用股权转让让渡土地使用权的。但是这种处理方式存在的弊端就在于后续股权转让能否顺利进行，这个就需要在前期通过企业章程、入股协议等文件约定好转让方股权不具备经营决策权和放弃分红权利等条款。

9.2 集团企业无偿借贷的正规筹划

《财政部 税务总局关于延长部分税收优惠政策执行期限的公告》（财政部 税务总局公告 2021 年第 6 号）规定，《财政部 税务总局关于明确养老机构免征增值税等政策的通知》（财税〔2019〕20 号）规定的税收优惠执行期限已延长至 2023 年 12 月 31 日。也就是说，自 2019 年 2 月 1 日至 2023 年 12 月 31 日，对企业集团内单位（含企业集团）之间的资金无偿借贷行为，免征增值税。这个政策为很多企业提供了合理税收筹划的抓手。下面我们就一起来探讨一下，如何合理、合规地运用这个政策进行税收筹划。

9.2.1 文件规定的集团企业应如何界定

A 先生名下有 20 多家公司，认为自己所有的公司就是集团企业，应该能够享受集团内单位之间资金无偿借贷的免征政策。于是 A 先生通过其名下 3 家拥有固定资产的公司进行贷款，并无偿让其名下的其他公司使用，最终被税务机关认定为视同销售未申报收入，因为 A 先生名下的 20 多家公司充其量就是关联方，而并非集团企业。

那么什么是集团企业呢？

《市场监管总局关于做好取消企业集团核准登记等 4 项行政许可等事项衔接工作的通知》（国市监企注〔2018〕139 号）规定，不再单独登记企业集团，不再核发企业集团登记证。取消企业集团核准登记后，集团母公司应当将企业集团名称及集团成员信息通过国家企业信用信息公示系统向社会公示。本通知下发前已取得企业集团登记证的，可不再公示。

因此，享受财税［2019］20号文件免征增值税的企业集团及集团内单位，必须符合以下条件之一。

（1）已经进行企业集团核准登记，并核发了企业集团登记证。

（2）集团母公司通过国家企业信用信息公示系统，向社会公示了企业集团及其集团成员单位。

可以看出，虽然国家现在放宽了集团企业的认定条件，但是集团企业的认定还是有前提条件的，不是股东关联就可以认定为集团企业。

9.2.2　无偿借贷对免税范围和资金来源有限定吗

集团企业单位之间无偿借贷的范围可以总结为集团母公司借给成员单位、成员单位借给集团母公司、成员单位之间相互借贷，且借贷双方不限于在境内和境外。

在资金来源方面，政策文件中并没有对集团企业内单位之间无偿借贷资金的来源作出限制性规定，那么享受增值税免税政策资金既可以是自有资金，也可以是外部资金，既可以是国内资金，也可以是国外资金，也就是资金是"英雄不问出处"的，只要是合法取得的就行。

比如M集团是集团企业，集团由母公司、子公司、参股公司以及其他成员单位组建而成。2022年2月10日集团子公司A公司将向银行贷款的5 000万元无偿提供给集团母公司B公司使用，双方约定无须支付利息，使用期限为2年，这种情况属于增值税免税情形。

集团母公司B公司将通过发放债券取得的资金1亿元，连同从A公司取得的借款5 000万元，总计1.5亿元提供给在境外的的子公司C公司无偿使用，双方约定无须支付利息，借款期限1年，虽然C公司在境外，但仍可享受增值税免税政策。

9.2.3　无偿借贷在企业所得税方面的风险

《中华人民共和国企业所得税法》第四十一条规定，企业与其关联方之间的业务往来，不符合独立交易原则而减少企业或者其关联方应纳税收入或者所得额的，税务机关有权按照合理方法调整。

《中华人民共和国企业所得税法实施条例》第一百一十条规定，企业所得税法第四十一条所称独立交易原则，是指没有关联关系的交易各方，按照公平成交价格和营业常规进行业务往来遵循的原则。

《国家税务总局关于发布〈特别纳税调查调整及相互协商程序管理办法〉的公告》（国家税务总局公告 2017 年第 6 号）第三十八条规定，实际税负相同的境内关联方之间的交易，只要该交易没有直接或者间接导致国家总体税收收入的减少，原则上不作特别纳税调整。

通过以上法律和文件的规定，我们可以看出企业集团内单位之间的无偿借贷行为，对于企业所得税的处理，要符合独立交易原则和实际税负公平原则。在实务中，税务机关执法上更侧重采取企业所得税法的独立交易原则，因为实际税负在很多情况下是无法准确及时判断的。

无偿使用不代表企业所得税也是无偿的，在大数据管税下，全国数据集中处理，实际税负不一致很容易就能判定，如果税负不一致很容易会被反避税调查。

比如集团企业的成员企业 A 公司在税收洼地，能够得到企业所得税税收返还，因此集团企业将 A 公司作为一个资金池处理所有集团成员单位的无偿借贷，即便视同销售其实际税负也远远轻于其他成员单位，那么这种情况下，就非常容易因为实际税负不一致，被反避税调查。

9.3　普通发票纳税和专用发票纳税有什么区别

开具增值税普通发票和开具增值税专用发票在纳税方面有什么区别，这本不是一个问题，但是这却是一些企业经营者，甚至财务人员经常弄不清楚的问题。下面我们就来谈一谈这中间有什么区别。

9.3.1　普通发票和专用发票在计算成本、费用方面的区别

A 企业为一般纳税人，2021 年共取得专用发票 100 万元，进项税 13 万元，取得普通发票 10 万元，税款 1.3 万元。其在 2022 年企业所得税年度汇算清缴申报后，被税务风险系统扫描出成本费用异常，税务机关检查发现，企业将取得专用发票的进项税 13 万元计入了产品成本进行税前扣除。

但凡懂增值税基本原理的人都知道，增值税是价外税，已经抵扣的进项税是不能计入产品成本的，应该以取得进项发票的不含税价格计算成本、费用。

那么取得专用发票一定是以不含税价格计入成本、费用吗？这个也不一定，如果取得专用发票放弃抵扣进项税，或者用于不得抵扣进项税项目，那么就可以按照含税价格计入成本、费用，如果已经抵扣进项税，则不能计入成本、费用。

普通发票不能参与抵扣进项税，因此可以按照价税合计数计入成本、费用。普通发票也有一种特殊形式可以参与抵扣进项税，就是通行费电子普通发票，这种发票如果抵扣了进项税，就需要按照票面不含税价格计入成本、费用。

9.3.2　普通发票和专用发票在纳税方面是否存在差异

专用发票的税率一般是 13%、9%、6%、3%。而普通发票的税率除了可以是 13%、9%、6%，还可以是免税、不征税。

一般纳税人和小规模纳税人都可以自行开具专用发票。小规模纳税人，开具专用发票的征收率主要为 1%、3%、5%，一般纳税人主要开具 13%、9%、6%、3% 税率的专用发票。

一般纳税人和小规模纳税人开具普通发票时，开具的税率和专用发票

的税率一样。

可以看出，专用发票和普通发票对一般纳税人和小规模纳税人来说都是可以使用的，差别在于发票上体现的税率不同，使用专用发票还是使用普通发票对纳税没有任何影响，真正对纳税产生影响的是纳税人的身份，也就是企业是一般纳税人还是小规模纳税人，还有就是开具的项目是免税还是应税的、是一般计税还是简易计税的、是全额征税还是差额征税的。

9.4 股东和投资企业之间互相借款

在实务中，个人股东无偿将资金借予被投资企业、个人股东无偿占用被投资企业资金、企业股东与被投资企业之间无偿拆借资金，是企业在经营当中经常发生的行为，这些情况在涉税处理时情况较为复杂，对财务人员知识储备要求较高，因此经常发生涉税风险，在这里我们总结一下不同情况的涉税处理。

9.4.1 个人股东无偿将资金借予被投资企业的涉税处理

《财政部 国家税务总局关于全面推开营业税改征增值税试点的通知》（财税〔2016〕36号）附件1《营业税改征增值税试点实施办法》第十四条规定，下列情形视同销售服务、无形资产或者不动产。

单位或者个体工商户向其他单位或者个人无偿提供服务，但用于公益事业或者以社会公众为对象的除外。

通过这个文件的规定我们可以看出，无偿提供服务视同销售的主体为"单位或者个体工商户"，其他个人也就是自然人不在其中，因此个人股东无偿将资金借予被投资企业是无须缴纳增值税的，那么附加税也不需缴纳。

在个人所得税方面，《个人所得税法》第八条明确规定，有下列情形之一的，税务机关有权按照合理方法进行纳税调整。

（1）个人与其关联方之间的业务往来不符合独立交易原则而减少本人

或者其关联方应纳税额，且无正当理由。

（2）居民个人控制的，或者居民个人和居民企业共同控制的设立在实际税负明显偏低的国家（地区）的企业，无合理经营需要，对应当归属于居民个人的利润不作分配或者减少分配。

（3）个人实施其他不具有合理商业目的的安排而获取不当税收利益。

不具有合理商业目的，是指以减少、免除或者推迟缴纳税款为主要目的。

从上面的文件可以看出，个人所得税同企业所得税一样，独立交易原则和合理商业目的，是税务机关对其进行纳税调整的重要依据。

比如个人股东投资的企业，账面上长期存在未分配利润和货币资金，说明企业应该是有足够资金去进行运营的，个人股东在企业账面资金充裕的情况下向企业借款，必将引起税务机关的注意，税务机关会就是否通过各类渠道向个人股东转移利润的问题进行检查。如果企业真的有长期资金需求，比如需要扩大生产规模，这种情况应该采用投资方式，通过增资方式增加企业资本金更为合适。

9.4.2　个人股东无偿占用被投资企业资金的涉税处理

在增值税方面，根据《财政部 国家税务总局关于全面推开营业税改征增值税试点的通知》（财税〔2016〕36 号）第十四条的规定，企业无偿借款给股东需要按照贷款服务计算缴纳增值税，同时应缴纳附加税费。

对于无偿占用，财税〔2016〕36 号的第四十四条也有详细的规定，纳税人发生应税行为价格明显偏低或者偏高且不具有合理商业目的的，或者发生本通知第十四条所列行为而无销售额的，主管税务机关有权按照下列顺序确定销售额。

（1）按照纳税人最近时期销售同类服务、无形资产或者不动产的平均价格确定。

（2）按照其他纳税人最近时期销售同类服务、无形资产或者不动产的平均价格确定。

（3）按照组成计税价格确定。组成计税价格的公式为如下。

组成计税价格 = 成本 × （1+ 成本利润率）

成本利润率由国家税务总局确定。

在个人所得税方面，《财政部 国家税务总局关于规范个人投资者个人所得税征收管理的通知》（财税〔2003〕158 号）第二条规定，纳税年度内个人投资者从其投资企业（个人独资企业、合伙企业除外）借款，在该纳税年度终了后既不归还，又未用于企业生产经营的，其未归还的借款可视为企业对个人投资者的红利分配，依照"利息、股息、红利所得"项目计征个人所得税。

在企业所得税方面，《企业所得税法》及其实施条例规定，企业与其关联方之间的业务往来，不符合独立交易原则而减少企业或者其关联方应纳税收入或者所得额的，税务机关有权按照合理方法调整。

9.4.3　企业股东与被投资企业之间无偿拆借资金的涉税处理

在增值税方面，根据《财政部 国家税务总局关于全面推开营业税改征增值税试点的通知》（财税〔2016〕36 号）第十四条的规定，企业无偿借款给股东需要按照贷款服务计算缴纳增值税，同时应缴纳附加税费，无偿占用处理方式参照财税〔2016〕36 号的相关规定。

在企业所得税方面，根据《企业所得税法》第四十一条的规定，企业与其关联方之间的业务往来，不符合独立交易原则而减少企业或者其关联方应纳税收入或者所得额的，税务机关有权按照合理方法调整。

根据《企业所得税法实施条例》第一百一十条的规定，企业所得税法第四十一条所称独立交易原则，是指没有关联关系的交易各方，按照公平成交价格和营业常规进行业务往来遵循的原则。

《国家税务总局关于发布〈特别纳税调查调整及相互协商程序管理办法〉的公告》（国家税务总局公告 2017 年第 6 号）第三十八条规定，实际税负相同的境内关联方之间的交易，只要该交易没有直接或者间接导致国家总体税收收入的减少，原则上不作特别纳税调整。

通过以上文件可以看出，一般来说关联企业无偿拆借资金，应按独立交易原则调整企业所得税应纳税所得额，按规定缴纳企业所得税，并加收利息。如果境内关联方之间实际税负相同，该交易没有直接或者间接导致国家总体税收收入的减少，原则上不作特别纳税调整。如果调整，税务机关一般按金融企业的同期同类贷款利率来认定关联企业无偿拆借资金利息的价格。

9.5　转让股权在什么情况下可以不用考虑个人所得税

很多企业在实务中经常遇到这种情况：企业出于各种原因频繁地更换股东，股权要么平价转让，要么 0 元转让，然后税务机关就会联系企业，让企业提供股权转让的相关材料，平价转让和 0 元转让操作难度越来越大。那么本节我们就一起来看看，在什么情况下，股权转让不需要考虑个人所得税的影响。

9.5.1　个人股东转让上市公司股票免征个人所得税的规定

根据《财政部 国家税务总局关于个人转让股票所得继续暂免征收个人所得税的通知》（财税字［1998］61 号）的相关规定，个人转让上市公司股票取得的所得继续暂免征收个人所得税。

根据《财政部 税务总局 证监会关于个人转让全国中小企业股份转让系统挂牌公司股票有关个人所得税政策的通知》（财税［2018］137 号）的相关规定，自 2018 年 11 月 1 日（含）起，对个人转让新三板挂牌公司非原始股取得的所得，暂免征收个人所得税。本通知所称非原始股是指个人在新三板挂牌公司挂牌后取得的股票，以及由上述股票孳生的送、转股。

对个人转让新三板挂牌公司原始股取得的所得，按照"财产转让所得"，适用 20% 的比例税率征收个人所得税。本通知所称原始股是指个人在新三板挂牌公司挂牌前取得的股票，以及在该公司挂牌前和挂牌后由上述股票孳生的送、转股。

根据《关于北京证券交易所税收政策适用问题的公告》（财政部 税务总局公告 2021 年第 33 号）的相关规定，新三板精选层公司转为北交所上市公司，以及创新层挂牌公司通过公开发行股票进入北交所上市后，投资北交所上市公司涉及的个人所得税、印花税相关政策，暂按照现行新三板适用的税收规定执行。也就说对个人转让北交所符合新三板挂牌公司非原始股取得的所得，暂免征收个人所得税。

9.5.2　个人股东转让非上市公司股票个人所得税的规定

根据《股权转让所得个人所得税管理办法（试行）》（国家税务总局公告 2014 年第 67 号）（以下简称《公告》）第十三条的相关规定，符合下列条件之一的股权转让收入明显偏低，视为有正当理由。

（1）能出具有效文件，证明被投资企业因国家政策调整，生产经营受到重大影响，导致低价转让股权。

（2）继承或将股权转让给其能提供具有法律效力身份关系证明的配偶、父母、子女、祖父母、外祖父母、孙子女、外孙子女、兄弟姐妹以及对转让人承担直接抚养或者赡养义务的抚养人或者赡养人。

（3）相关法律、政府文件或企业章程规定，并有相关资料充分证明转让价格合理且真实的本企业员工持有的不能对外转让股权的内部转让。

（4）股权转让双方能够提供有效证据证明其合理性的其他合理情形。

从上面的文件规定可以看出，只有符合以上条件之一的 0 元转让、平价转让、折价转让才会被税务机关认可。

比如，甲持有 A 公司 60% 的股份，现甲拟将其持有的 A 公司 40% 的股权平价转让给 B 公司，B 公司的股东为甲的配偶乙（乙对 B 公司 100% 持股），根据《公告》关于价格明显偏低的正当理由的规定，此次平价转让是合理的，无须缴纳个人所得税。

甲将 A 公司剩余 20% 的股份 0 元转让给表哥丙，这种操作就不符合《公告》关于定价偏低有正当理由的情形，因为兄弟姐妹不包含表亲，这种情况会被税务机关调查。

下面我们来拓展一下，什么情况下税务机关会认为股权转让价格偏低。《公告》第十二条规定，符合下列情形之一，视为股权转让收入明显偏低。

（1）申报的股权转让收入低于股权对应的净资产份额的。其中，被投资企业拥有土地使用权、房屋、房地产企业未销售房产、知识产权、探矿权、采矿权、股权等资产的，申报的股权转让收入低于股权对应的净资产公允价值份额的。

（2）申报的股权转让收入低于初始投资成本或低于取得该股权所支付的价款及相关税费的。

（3）申报的股权转让收入低于相同或类似条件下同一企业同一股东或其他股东股权转让收入的。

（4）申报的股权转让收入低于相同或类似条件下同类行业的企业股权转让收入的。

（5）不具合理性的无偿让渡股权或股份。

（6）主管税务机关认定的其他情形。

9.6　"私车公用"的问题

在实务中，我们可能会遇到这种情况：公司没有公务车，员工出门办事要么开自己的车，要么开股东的车。这样操作确实很方便，但是也引发了一个问题：产生的费用怎么入账，油费又怎么入账？特别是很多国有企业用车改革后，基本只保留了少部分公务用车，大部分员工办事基本没有公车使用，这个问题就越发凸显。下面我们一起来看一看私车公用问题。

9.6.1　解决方案一：签订私车公用租赁协议

根据《企业所得税法》及其实施条例的相关规定，企业使用员工个人的车辆，在签订租赁合同并取得车辆租赁发票的情况下，其发生的与生产经营相关的油费、保养费、过路费等支出，可凭合法有效凭证在企业所得税前扣除。

签订私车公用租赁协议是大部分企业采用的常规手段，因为采用这种方式进行涉税处理，实务风险比较小，大部分税务机关都认可私用公车租赁协议，可以据实报销与车辆日常消耗相关的费用。

但是这种方式也存在一定的风险，私车公用是需要确保支出的合理性的，如果财务见票就报销和税前扣除，这种操作基本不会得到税务机关的认可。

企业进行私车公用一定要从业务合规方向进行筹划，需要制定或完善内部车辆管理制度、报销流程，以证明这些费用是为企业生产经营发生的。比如实行出车申请单制度，申请单列明出车事由、时间和地点等信息，报销时附上出差申请单，同时在报销单上列明实际里程和相关杂费信息，如果条件允许也可以利用办公软件记录出差导航和里程数据，这样最起码能够证明企业对私车公用是有真实性管理的。

针对私车公用的发票，发票抬头必须是企业的名头，而且开票日期和出差审批、出车申请的日期能够相对应。如当年 2 月的过路费发票，报到 5 月的出车行程里，肯定有问题，发票要能证明出行的真实性。

9.6.2　解决方案二：对私车公用行为发放车辆补贴

《国家税务总局关于个人因公务用车制度改革取得补贴收入征收个人所得税问题的通知》（国税函〔2006〕245 号）规定，根据《中华人民共和国个人所得税法实施条例》第八条的有关规定，现对公务用车制度改革后各种形式的补贴收入征收个人所得税问题明确如下。

（1）因公务用车制度改革而以现金、报销等形式向职工个人支付的收入，均应视为个人取得公务用车补贴收入，按照"工资、薪金所得"项目计征个人所得税。

（2）具体计征方法，按《国家税务总局关于个人所得税有关政策问题的通知》（国税发〔1999〕58 号）第二条"关于个人取得公务交通、通讯补贴收入征税问题"的有关规定执行。

《国家税务总局关于个人所得税有关政策问题的通知》（国税发〔1999〕58 号）第二条规定，个人因公务用车和通讯制度改革而取得的公务用车、通讯补贴收入，扣除一定标准的公务费用后，按照"工资、薪金"所得项目计征个人所得税。

公务费用的扣除标准，由省税务局根据纳税人公务交通、通信费用的实际发生情况调查测算，报经省级人民政府批准后确定，并报国家税务总局备案。

从上述文件我们可以看出，针对国有企业、事业单位，在公车改革后，车辆补贴在一定标准内扣除公务费用是不需要缴纳个人所得税的，这就是我们通常所说的"车补"。目前全国各省均有对车补免征个人所得税的标准，对于国有企业、事业单位，可以采取发放车补的方式来解决私车公用的问题；对于私营企业，发放车补需要全额纳入工资、薪金计算个人所得税，对于无法分清车辆公用还是私用的企业，也可采用这种方式。

9.7　企业食堂发生的费用没有取得发票怎么办

不少企业会为员工开办食堂，尤其是制造企业，地点较偏，员工人数较多，开办食堂确实能给员工解决很大的问题。但是现实中有一个很普遍的问题：食堂采购的物品，是直接从菜市场买来的，有时为了节省开销直接让农民送菜，因此很难取得发票，在企业所得税汇算时若没有取得发票，基本都会进行纳税调增处理。那么这个问题应如何解决呢？

9.7.1　税务机关关于食堂无法取得发票的解释

我们先来看一下某省税务局 12366 热线对纳税人就这个问题的答复。

问：企业自办食堂从集贸市场购买蔬菜、米、蛋、肉和农民自榨的花生油等，没有取得发票，该如何处理，能否凭借白条入账？

答：您好，您提交的问题已收悉，现针对您所提供的信息回复如下。

（1）餐饮行业增值税一般纳税人购进农业生产者自产农产品，可以使用税务机关监制的农产品收购发票。

（2）企业在境内发生的支出项目属于增值税应税项目（以下简称"应税项目"）的，对方为已办理税务登记的增值税纳税人，其支出以发票（包括按照规定由税务机关代开的发票）作为税前扣除凭证。

对方为依法无须办理税务登记的单位或者从事小额零星经营业务的个人，其支出以税务机关代开的发票或者收款凭证及内部凭证作为税前扣除凭证，收款凭证应载明收款单位名称、个人姓名及身份证号、支出项目、收款金额等相关信息。

小额零星经营业务的判断标准是个人从事应税项目经营业务的销售额不超过增值税相关政策规定的起征点。

从以上税务机关的答复我们可以看出，发票还是税务机关所认可的扣除凭证，即便小额零星支出可以以内部凭证入账，但是小贩一般是不可能提供身份信息的，更不可能去代开发票。因此食堂在运行的过程中，定期取得发票和账单是财务人员需要着重注意的问题，不能为了省几百元，给企业带来税务风险。

9.7.2　如何解决食堂发票取得问题

既然发票是解决食堂税前扣除问题无法回避的，那么我们的筹划思路就应该沿着这个方向去寻求解决方案。

1. 将食堂外包

企业食堂属于企业的保障部门，也是需要耗费大量财力去运营的，需要大量人员保障，运行成本其实并不低。现在很多企业为了将更多的精力放在生产经营上，选择将整个食堂外包给专业餐饮承包商，由承包商负责企业员工食堂的运营，企业只需按时支付食堂承包商费用，并由专人负责监督伙食品质。在这种情况下，承包商应向企业全额开具发票。

2. 选择农产品专营企业采购食堂物品

蔬菜、肉、禽、蛋在批发零售环节是免税的，现在有很多的生鲜商店，其销售价格也具备很大的优势，如果企业采购量大甚至其价格会低于菜市场的价格，这类生鲜商店一般都能够开具发票。

在条件允许的情况下，企业也可以与农村专业合作社、农场等建立长期合作关系，因为这些合作社或农场销售的都是自产农产品，免征增值税，提供发票是没有问题的。

3. 发放伙食补贴

如果企业员工的工资低于个人所得税起征点，在发放伙食补贴后大部分人不需要缴纳个人所得税，且企业不想采用食堂外包形式，可以选择按照工资、薪金方式进行筹划。企业每月计算员工的伙食补贴，然后将伙食补贴分配到食堂，用于购买食材、雇佣人员等，说得直白点就是员工搭伙做饭，这样食堂就是游离于企业之外的存在，食堂发生的支出不需要企业进行核算，也就不存在取得发票的问题。这种方式并不适用于员工太多的企业。

9.8　餐饮支出是不是只能计入业务招待费

在日常生活中，我们较容易取得的是餐饮发票，无论是去餐厅吃饭还是点外卖，开一张记载有公司名头的发票较简单。正因如此，税务机关对餐饮发票的税前扣除管理极为严格，这也造成了很多财务人员见了餐饮发票就计入业务招待费的问题，更有甚者连账都不入。那么餐饮发票真的能计入业务招待费吗？

9.8.1 餐饮支出可以有条件地计入职工福利费

在谈这个问题之前，我们先来看看税务机关是怎么界定这个问题的。

问：私营有限公司发生的节日职工聚餐费可以在企业所得税年度申报时按福利费标准在税前扣除吗？（留言时间为2020-04-25）

国家税务总局××省12366纳税服务中心答复（节选、整理）如下。（答复时间为2020-04-27）

职工聚餐费符合下列文件规定的应在工会经费列支。

《中华全国总工会办公厅关于印发〈基层工会经费收支管理办法〉的通知》（总工办发〔2017〕32号）第七条、第八条规定，基层工会经费支出范围包括：职工活动支出、维权支出、业务支出、资本性支出、事业支出和其他支出。职工活动支出是指基层工会组织开展职工教育、文体、宣传等活动所发生的支出和工会组织的职工集体福利支出。包括如下内容。

（1）职工教育支出。

（2）文体活动支出。

（3）宣传活动支出。

（4）职工集体福利支出。用于基层工会逢年过节和会员生日、婚丧嫁娶、退休离岗的慰问支出等。

（5）其他活动支出。

从税务机关关于节日职工聚餐费能否按照福利费在税前扣除的答复，我们可以看出，通过工会经费列支并支出的聚餐费，是可以通过福利费核算并税前限额扣除的。如果未通过工会经费列支并支出，税务机关是不认可聚餐费在税前扣除的。

在这里总结一下，餐饮支出是可以计入职工福利费的，但是需计入工会支出项目，通过工会经费支出。餐饮支出在福利费中的扣除需注意的是，要留存好工会活动的相关材料，比如活动计划、活动参加人员名单、活动地点、活动视图等，以便税务机关查验。

9.8.2　餐饮支出可以计入差旅费

《中央和国家机关差旅费管理办法》第三条规定，差旅费是指工作人员临时到常驻地以外地区公务出差所发生的城市间交通费、住宿费、伙食补助费和市内交通费。从文件可以看出，餐饮费是差旅费的一部分，这里需要注意的是出差人员自己用餐的餐饮费，取得发票，可以作为差旅费的一部分处理，但如果报销时享受了误餐费补贴，不需要提供发票，则不能重复计算出差期间的餐饮费。

如果是出差过程中招待客户的餐饮费，餐饮费发票则不能作为差旅费入账，应当作为业务招待费列支，并按照业务招待费限额税前扣除。

举个例子，A 公司在甲省，其员工小张按照公司的安排，去 B 省出差，公司规定出差期间每日伙食补贴为 100 元，实行包干制。小张在出差期间宴请客户，消费 1 200 元并取得发票。小张在结束出差后报销差旅费，财务人员将其出差期间所有支出，包含宴请客户支出全部计入差旅费。

税务机关通过大数据分析，发现 A 公司取得大额消费餐饮发票，且招待费列支与取得的发票有金额差异，因此对其取得的餐饮大额发票进行检查，发现 A 公司将小张出差期间发生的业务招待费列入差旅费，最后要求 A 公司进行纳税调整并补缴企业所得税。

9.8.3　餐饮支出可以计入会议费

根据《中央和国家机关会议费管理办法》（财行〔2013〕286 号）的规定，会议费开支范围包括会议住宿费、伙食费、会议室租金、交通费、文件印刷费、医药费等。

从上述文件可以看出，餐饮费用是会议费的一部分，在企业召开相关会议时，将餐饮费用计入会议费核算是正常的处理方式。但是需要着重注意一点：会议费是由多个部分组成的，如果餐饮发票是单独取得的，且发生了住宿费、场地租赁费、交通费、文印费、医药费，应该按照项目单独取得相关发票。

举个例子，M企业于2022年在A酒店召开经销商会议，会议期间A酒店负责餐饮、住宿、接站、订票、会议场地租赁，会议结束后进行结算。M企业认为住宿、接站、订票都是提供给企业以外人员的，怕产生涉税疑点，因此要求A酒店就这几个项目开具会议费发票，餐饮和会议场地租赁分别由A酒店单独代开发票。最终被税务机关通过税收大数据扫描出风险并进行了检查，因为M企业存在大额餐饮发票，且同时有会议费列支，存在业务招待费未调整的风险，最终虽然检查结果没问题，但是M企业也花费了大量精力应对检查。

9.9 佣金手续费应怎么做才能避免入"坑"

企业自身的资源在很多时候并不足以支撑企业的业务拓展，这就需要企业借助外力，如通过有资源的个人或者企业帮助其拓展业务渠道，因此销售佣金和手续费支出就成了很多企业支出的经常性项目。销售佣金和手续费支出在企业所得税上是限额税前扣除的，税务机关对其关注度很高，企业一旦处理不当，会产生很大的涉税风险。

9.9.1 莫将回扣当作佣金处理

根据《关于禁止商业贿赂行为的暂行规定》第七条的规定，佣金是指经营者在市场交易中给予为其提供服务的具有合法经营资格中间人的劳务报酬。经营者支付佣金必须以明示的方式。支付和接受佣金，都必须如实入账。

回扣是指卖方从买方支付的商品款项中按一定比例返还给买方的价款。按照是否采取账外暗中的方式，回扣可以简单分为两种，即账内明示的回扣、账外暗中的回扣，是商业贿赂的一种表现形式。回扣的形式是触犯法律规定的，因此不得在企业所得税税前扣除。

9.9.2　不能向本单位的员工支付佣金

根据《财政部 国家税务总局关于企业手续费及佣金支出税前扣除政策的通知》（财税〔2009〕29号）的规定，取得佣金和手续费的单位或个人，必须是具有合法经营者资格的从事中介服务的单位或个人。

佣金的实质是支付给商业活动中间人的中间费用，既然是中间费用性质的支出，中间人肯定不是交易双方，也肯定不是交易双方的代理人、经办人。

如果将所谓的佣金支付给本单位员工，应该按照销售提成，在工资、薪金支出列支，并按照工资、薪金所得为员工代扣个人所得税，销售提成符合合理的工资、薪金标准是可以税前扣除的，且无限额扣除限制。

9.9.3　以现金方式支付的佣金的税前扣除管理规定

根据《财政部 国家税务总局关于企业手续费及佣金支出税前扣除政策的通知》（财税〔2009〕29号）的规定，除委托个人代理外，企业以现金等非转账方式支付的手续费及佣金不得在税前扣除。

从这里可以看出，向企业支付佣金，必须通过银行转账，否则无法税前扣除；向个人支付佣金，文件不限定必须通过银行转账，支付现金也是可以的。

9.9.4　佣金也可能会发生资本化的情形

很多企业的财务人员对佣金进行处理时，都会下意识地计入管理费用或销售费用。但是根据财税〔2009〕29号文件的相关规定，企业计入固定资产、无形资产等资产的佣金，应通过折旧、摊销等方式分期扣除，不能一次性计入损益并税前扣除。

比如，N公司通过网络竞拍方式获取法拍厂房一处，房产成交价为3 000万元，N公司支付网站拍卖佣金100万元，取得网站开具的佣金电子普通发票。根据文件的规定，佣金应按照企业会计准则的规定计入固定资产原值，先进行资本化处理，再按照固定资产折旧期限分期进行扣除。

9.9.5　如何形成一个完整的佣金税前扣除证据链

根据《企业所得税税前扣除凭证管理办法》（国家税务总局公告 2018 年第 28 号）的相关规定，企业应将与税前扣除凭证相关的资料，包括合同协议、支出依据、付款凭证等留存备查，以证实税前扣除凭证的真实性。

佣金作为税务风险敏感度非常高的一项支出，在税前扣除资料的保存上一定要非常细致，形成一条完整的证据链。在实务中，佣金税前扣除一般需要保存以下资料备查。

（1）与支付佣金相关的销售合同或者服务协议。

（2）关于佣金的协议或者合同，若销售合同载明了佣金事项，则无须提供。

（3）银行付款证明（支付境内个人的可提供现金收据）。

（4）佣金发票。

（5）中介代理单位的营业执照、资格证明；代理自然人的身份证、资格证书等。

9.9.6　佣金不是广告宣传费

佣金的特点是与销售和服务合同直接相关，而广告宣传费是为了提升销量所采取的措施所发生的费用支出，与销售和服务合同并不直接相关。两项支出存在本质上的差异。

现在有一些企业以市场推广费的方式将佣金计入广告宣传费进行税前扣除，因为广告宣传费税前扣除比例是销售收入的 15%，且超出额度可以结转以后年度扣除，扣除比例远高于佣金扣除限额（5%）。但是这样操作的风险很大，因为税务机关通过检查业务合同，能轻易地判断出这些费用是否与销售相关。

9.10　处置使用过的固定资产的增值税处理

固定资产的处置，包括固定资产的出售、转让、报废或毁损、对外投资、非货币性资产交换、债务重组等。固定资产处置在账务上的处理是通过固定资产清理程序进行的，不体现销售收入和成本，只会就处置的收益或损失确认营业外收入或营业外支出。在增值税处理上，增值税会按照处置收入确认销售额，税会处理差异较大，极易产生错误处理的风险。

9.10.1　一般计税方法下处置使用过的固定资产增值税的处理

一般纳税人企业销售自己使用过的固定资产，应按照处置固定资产的销售价格确认计税依据，根据情况的不同分别适用一般计税方法和简易计税方法。

一般纳税人销售自己使用过的固定资产属于下列两种情形的，适用一般计税方法，按正常的适用税率计算缴纳增值税。

（1）按规定抵扣过进项税额的固定资产。

（2）按规定可以抵扣进项税额，但由于企业自身原因未能抵扣的固定资产。

一般纳税人企业销售自己使用过的固定资产，存在已抵扣或可抵扣但未抵扣的情形都需按照一般计税方法计算缴纳增值税。

比如一个企业在作为一般纳税人期间购入一套生产设备，进项税率13%，符合抵扣条件，企业无论抵扣进项与否，在处置时都应按照13%的税率对外销售。

9.10.2　简易计税方法下处置使用过的固定资产增值税的处理

一般纳税人销售自己使用过的固定资产，属于以下六种情形的，应按照简易计税方法，按照3%的征收率，减按2%计算缴纳增值税。

（1）2008年12月31日以前未纳入扩大增值税抵扣范围的试点纳税人，

销售自己使用过的 2008 年 12 月 31 日以前购进或者自制的固定资产。

（2）纳税人购进或者自制固定资产时，为小规模纳税人的。

（3）2013 年 8 月 1 日之前购进的自用应征消费税的摩托车、汽车、游艇。

（4）"营改增"纳税人，在"营改增"试点前取得的固定资产，或"营改增"后购进的不得抵扣进项税额的固定资产。

（5）购进其他按规定不能抵扣进项税额的固定资产，比如用于简易计税项目、免税项目、集体福利、不征税项目等。

（6）销售旧货。

总结起来就是，一般纳税人在购进固定资产时，政策不允许抵扣购进固定资产的进项税额的，在处置时可以适用简易计税办法。在这里需要注意的是，处置固定资产采用简易计税方法有减征 1% 的优惠，因此不能开具专用发票。

小规模纳税人处置使用过的固定资产，全部适用简易计税方法，按照 3% 的征收率，减按 2% 计算缴纳增值税，与一般纳税人处置使用过的固定资产的简易计税方法基本一致。

9.11 农产品的税收筹划

说到农产品，由于农产品涉及免税，政策文件较多，如农产品核定扣除、抵扣凭证分类、进项加计抵扣等，很多企业面对涉农的税收优惠政策都有点蒙。接下来我们就一起来谈一谈农产品的税收筹划。

9.11.1 农产品发票的抵扣问题

农产品是指农、林、牧、渔生产的各种植物、动物的初级产品。通常情况下，我们购进商品取得专用发票抵扣进项税，进项税是多少，就抵扣多少。但是农产品的增值税的抵扣原理比较特殊，有计算抵扣这一说，购进农业生产者自产农产品取得的免税发票、普通发票、代开专票是可以抵扣进项税的，还有可能加计扣除。下面我们就农产品抵扣发票特殊规定做一个梳理。

1. 从初级农产品生产者手中取得农产品的抵扣规定

这种情况下，可用于抵扣的凭证有两种：农产品销售发票和农产品收购发票。

农产品销售发票指的是农业生产者销售自产农产品适用免征增值税政策而开具的普通发票，包括税务机关为农业生产者代开的普通发票，农场、农民合作社、养殖场等从事农业生产的经济实体开具的免税农产品普通发票。

农产品收购发票指的是收购单位向农业生产者个人（不包括从事农产品收购的个体经营者）收购自产免税农业产品时，由付款方向收款方开具的发票。这是一种收购方根据收购情况开具的发票。

这两种发票都是免税发票，都是通过计算抵扣的。根据财政部 税务总局 海关总署公告 2019 年第 39 号文件的规定，以农产品收购发票上注明的农产品买价和 9% 的扣除率计算进项税额，即票面价格乘以 9% 就是可以抵扣的进项税额。如果纳税人购进用于生产销售或委托加工 13% 税率货物的农产品，可以在领用环节加计 1% 扣除，也就是可以按照 10% 的扣除率计算进项税额。

2. 批发零售环节购进农产品的特殊规定

从小规模纳税人手里取得其自开或者代开的 3% 征收率的增值税专用发票，受票方可以按照票面金额的 9% 进行抵扣。如果纳税人购进用于生产销售或委托加工 13% 税率货物的农产品，可以在领用环节加计 1% 扣除，也就是可以按照 10% 的扣除率计算进项税额。

举个例子，一般纳税人取得小规模纳税人自开或代开的农产品专用发票，票面体现不含税价格 1 000 元，税额 30 元，一般纳税人可不勾选直接计算抵扣，按照票面金额 1 000 元乘以 9% 计算抵扣，即可抵扣税额 90 元。

9.11.2　农产品核定扣除的热点问题

我国自 2012 年 7 月 1 日起，在全国范围内对酒及酒精、乳及乳制品、植物油加工行业实施农产品增值税进项税额核定扣除试点。《财政部 国家税务总局关于扩大农产品增值税进项税额核定扣除试点行业范围的通知》（财税〔2013〕57号）规定，自2013年9月1日起，相关权限下放至省一级。目前全国农产品核定扣除已经涵盖了越来越多行业，各地规定也有所差异，但是核定扣除计算方式主要有以下几种。

1. 投入产出法

主要适用于酒及酒精、乳及乳制品、植物油加工行业。

当期允许抵扣农产品增值税进项税额 = 当期农产品耗用数量 × 农产品平均购买单价 × 扣除率 ÷（1+ 扣除率）

当期农产品耗用数量 = 当期货物销售数量（不含采购除农产品以外的半成品生产的货物数量）× 农产品单耗数量

举个例子，某乳制品生产公司2022年5月1日至5月31日销售1 000吨巴氏杀菌奶，其主营业务成本为500万元，农产品耗用率为70%，原乳单耗数量为1.06，原乳平均购买单价为4 000元/吨。使用投入产出法计算核定的进项税额。

当期允许抵扣的农产品增值税进项税额 = 当期农产品耗用数量 × 农产品平均购买单价 × 扣除率 ÷（1+ 扣除率）=1 000 × 1.06 × 0.4 × 9% ÷（1+9%）=35.01（万元）

巴氏杀菌奶属于应税农产品，如果深加工为酸奶，则使用的税率为13%，上述公式中的扣除率就为13%。

2. 成本法

成本法主要适用于除适用投入产出法以外的其他以农产品为主要生产原料的生产企业。

当期允许抵扣农产品增值税进项税额 = 当期主营业务成本 × 农产品耗用率 × 扣除率 ÷（1+ 扣除率）

农产品耗用率 = 上年投入生产的农产品外购金额 ÷ 上年生产成本

农产品外购金额（含税）不包括不构成货物实体的农产品（包括包装

物、辅助材料、燃料、低值易耗品等）和在购进农产品之外单独支付的运费、入库前的整理费用。

举个例子，某一般纳税人外购棉花生产棉被，采用成本法核定增值税进项税额。经税务机关核定的棉花耗用率为 80%。2022 年 5 月，该一般纳税人主营业务成本为 100 万元。

当期允许抵扣农产品增值税进项税额 = 当期主营业务成本 × 农产品耗用率 × 扣除率 ÷（1+ 扣除率）=100×8%×13%÷（1+13%）=9.2（万元）

3. 购进农产品直接销售

购进农产品直接销售一般适用于从事农产品贸易的企业。

当期允许抵扣农产品增值税进项税额 = 当期销售农产品数量 ÷（1－损耗率）× 农产品平均购买单价 ×9%÷（1+9%）

损耗率 = 损耗数量 ÷ 购进数量

举个例子，M 公司经营大豆大宗贸易，为增值税一般纳税人，已纳入农产品增值税进项税额核定扣除试点范围企业。2022 年 3 月，期初库存农产品 100 吨，期初平均买价为 0.8 万元 / 吨；当月从农民手中购入农产品 500 吨，每吨含税收购价格为 0.7 万元，入库前发生整理费用 10 万元；当月直接销售外购农产品 300 吨，取得不含税销售额 240 万元，大豆损耗率为 2%。

本月加权平均单价 =（100×0.8+500×0.7）÷600=0.72（万元）

可以抵扣的进项税额 = 0.72×300÷（1-3%）×9%÷（1+9%）=18.39（万元）

应纳税额 =300×9%-18.39=8.61（万元）。

4. 购进农产品用于生产经营且不构成货物实体

购进农产品生产包装物、辅助材料、燃料、低值易耗品等的增值税处理方法如下。

当期允许抵扣农产品增值税进项税额 = 当期耗用农产品数量 × 农产品平均购买单价 ×（10% 或 9%）÷（1+10% 或 1+9%）

某机械设备厂购入原木用于生产本厂机械设备（税率 13%）的木质包装

托盘，2022 年 5 月耗用原木 5 立方米，平均购买单价为 10 000 元 / 立方米。

纳税人购进用于生产或者委托加工 13% 税率货物的农产品，在生产领用环节可加计 1%，按照 10% 的扣除率计算进项税额。

当期允许抵扣农产品增值税进项税额 = 当期耗用农产品数量 × 农产品平均购买单价 ×10% ÷（1+10%）=5×10 000×10% ÷（1+10%）=4 545.45（元）。

9.11.3　公司 + 农户的税收筹划

《国家税务总局关于"公司 + 农户"经营模式企业所得税优惠问题的公告》（国家税务总局公告 2010 年第 2 号）和《国家税务总局关于纳税人采取"公司 + 农户"经营模式销售畜禽有关增值税问题的公告》（国家税务总局公告 2013 年第 8 号）两个文件，对"公司 + 农户"的经营模式提出了免征企业所得税和增值税的规定，这为企业的税收筹划提供了较大的空间。在这里需要着重注意的是政策只适用于受托方是农户的情况，如果受托方是公司则不能享受优惠政策。

A 公司是专门从事水煮蔬菜的农产品深加工企业，采取"公司 + 农户"的经营模式，A 公司与农户签订产供合同，A 公司向农户提供资金、种子、种植技术等，农户为公司完成竹笋、牛蒡、莲藕等蔬菜的种植、采集，最后由 A 公司将农户生产的蔬菜收购回来，进入水煮蔬菜生产线，最终生成真空塑料包装水煮蔬菜。

按照现有模式，2022 年 A 公司支付 100 万元收购农户种植和采集的竹笋、牛蒡、莲藕，收购运输费用 10 万元，分选与漂洗等人工费用 10 万元，电费等支出 11.3 万元，可抵扣的进项税额 1.3 万元，取得其他进项税额 3 万元，销售水煮蔬菜取得收入 200 万元（不含增值税）。其应纳增值税计算如下。

销项税额 =200×13%=26（万元）

进项税额 =100×9%+10×9%+1.3+3=14.2（万元）

应纳增值税 =26-14.2=11.8（万元）

因为分选与漂洗环节的人工费是无法抵扣进项税额的，如果把该环节前移至农户环节，由农户进行该环节工作，支付农户收购费用 110 万元，这样就可以增加抵扣环节的计算基数，按照这种模式计算的应纳增值税如下。

销项税额 $=200×13\%=26$（万元）

进项税额 $=110×9\%+10×9\%+1.3+3=15.1$（万元）

应纳增值税 $=26-15.1=10.9$（万元）

上述两个方案中，直接收购未初加工蔬菜缴纳的增值税更高，其原因是农产品初加工的分选与漂洗等环节所耗用的人工费等无法抵扣进项税额，这就是为什么上面两个方案支出相同，但税负不同。在公司简单加工成本与支付给农户的加工成本相等的情况下，收购成本越低，税负将会越重。

9.12　税务管理中"以报代备"事项的处理

"以报代备"是这几年新出现的名词，其含义直白点说就是取消以前的税务备案事项，企业可以通过申报直接享受税收优惠和扣除政策。早在 2017 年，国家税务总局发布的《国家税务总局关于进一步深化税务系统"放管服"改革　优化税收环境的若干意见》（税总发〔2017〕101 号）就提出了改进各税种优惠备案方式，基本实现税收优惠资料由报送税务机关改为纳税人留存备查，减轻纳税人备案负担。简化建筑业企业选择简易计税备案事项。

目前，大部分税种的税务管理都已经实现了"以报代备"，只有少部分优惠项目保留了备案和核准，取消备案事项是税务发展不可逆转的大趋势。

9.12.1　"以报代备"未留存资料引发的研发费加计扣除风险

A 企业为医药生产企业，2020 年投入研发费用 1 亿元。2020 年企业所得税汇算清缴后，税务机关根据相关文件的规定，抽取 20% 享受研发费加计扣除的企业进行核查，A 企业在核查名单之中。

税务机关在核查之初，发现 A 企业未填制《研发项目可加计扣除研究开发费用情况归集表》和《"研发支出"辅助账汇总表》，日常核算研发费用支出并未单独归集，只是在年底通过其他项目向研发费用进行结转。税务机关遂对其由日常检查升级为专项检查。

税务机关在检查中发现，企业财务人员认为，国家税务总局发布的《国家税务总局关于修订企业所得税年度纳税申报表有关问题的公告》（国家税务总局公告 2019 年第 41 号，以下简称"第 41 号公告"）规定，企业申报享受研发费用加计扣除政策时，取消《研发项目可加计扣除研究开发费用情况归集表》填报和《"研发支出"辅助账汇总表》报送要求，在进行 2019 年度及以后年度企业所得税汇算清缴申报时，不再填报上述两表，但是其忽略了辅助账汇总表留存备查的要求，因此当年未进行两张表的填制工作。

由于企业当年研发费核算较为混乱，经税务机关确认，2020 年度能够确认的研发费为 8 000 万元，剩余 2 000 万元研发费因无法分清用途，不允许加计扣除。

尽管在实行"以报代备"以后，《研发项目可加计扣除研究开发费用情况归集表》和《"研发支出"辅助账汇总表》无须向税务机关申报了，但根据国家税务总局公告 2018 年第 23 号，企业所得税优惠事项采取"自行判别、申报享受、相关资料留存备查"的办理方式，因此，简化了申报手续，并不等同于放宽了研发费用归集、核算要求，企业仍应按照相关文件的要求，留存《研发项目立项计划书（立项报告）》、研发项目立项决议、研发项目人员名单、研发项目预算表、研发支出辅助账、研发人员工时分配表、研发领料单、直接投入工时分配表等资料，证明研发费用发生的真实性、准确性。

9.12.2　如何在"以报代备"的环境中独善其身

在"以报代备"之前，税收优惠、简易计税等项目都是需要向税务机关申请审批和备案的，税务机关会审核、实地核查，对企业来说有把关审核的过程，在一定程度上能够确保企业申请的事项符合文件要求。

在现行管理方式下，备案事项变为申报事项，虽然简化了流程，减轻了企业的办税负担，但相关的责任和后果却都将由企业自行承担。因此企业在享受税收优惠政策的同时更应时刻保持对税务风险的严谨管控，积极加强自身内部的审核，妥善管理和保存相关备查资料并不断提升自身的涉税风险防范能力。

增值税、所得税、财产税和行为税的优惠备案方式，基本实现税收优惠资料由报送税务机关改为纳税人留存备查。由此可见，税制改革带来的优惠和便利还将继续，而企业在完善内部管理和加强税务风险控制等方面也将任重而道远。如果企业的财税人员对留存备查资料不熟悉，工作缺乏责任心，那资料缺失带来的涉税风险会越来越大。

第 10 章
大数据管税背景下税收筹划的门道

随着大数据管税的逐渐推进，传统的税务筹划方式所面临的税务风险会越来越大，但是我们要知道依法纳税是每个纳税人应尽的义务。我们只要通过调整经营结构或交易活动，选择合适的方案达到少缴税，减轻纳税负担，取得正当的税收利益的目的，就能够坦然地面对税务机关的各项税收检查，既少纳税或不纳税，又不触犯法律。

10.1 以抵扣凭证为抓手的筹划

随着国家进一步扩大减税降费政策的实施，增值税相关政策的变化越来越大，特别是随着电子发票的推行，进项税抵扣范围会越来越大。这些政策对增值税进项税抵扣会带来一定的利好，在大数据管税背景下，结果政策充分利用增值税进项抵扣凭证的筹划，可以达到最优的节税效果。

10.1.1 巧处理让"不能抵扣"变为"可以抵扣"

用于简易计税方法计税项目、免征增值税项目、集体福利或者个人消费的购进货物、劳务、服务、无形资产和不动产是不得抵扣进项税的。但是也有一个特殊规定，就是涉及的固定资产、无形资产、不动产，不得抵扣进项税的情形仅指专用于上述项目的固定资产、无形资产（不包括其他权益性无形资产）、不动产，上述不允许抵扣项目与应税项目共用，则该进项税准予全部抵扣。

A 公司为一般纳税人，2021 年 12 月购买一栋 5 层大楼，并于当月取得增值税专用发票，价款 1 000 万元，增值税 90 万元。企业原定该大楼用于员工宿舍，因为用于职工福利，所以按照规定不允许抵扣进项税。

A 公司财务人员按照税收政策规定，建议 A 公司管理者将大楼一层改建为成品仓库和库管办公室，这样就能实现 90 万元进项税的抵扣，因为职工福利和经营共用资产，进项税是可以全额抵扣的。管理者最终采纳了财务人员的建议，实现了节税效果最优化。

以上这种方式就是通过扣税凭证用途的筹划实现最优节税效果，其关键点在于应税项目和简易计税方法计税项目、免征增值税项目、集体福利或者个人消费等不得抵扣进项税项目实现固定资产、无形资产、不动产的共用，比如购买或租赁班车既用于职工福利又用于拉原材料，购买机器设备既用于简易计税方法计税项目又用于应税项目。

10.1.2　让抵扣凭证发挥最大的递延纳税效益

一般纳税人对用于免税、简易计税或非应税项目的进项税额可以在其用于该类用途时，从原在购进时已做抵扣的进项税额中通过"应交税费——应交增值税（进项税额转出）"科目转出，即计入相关产品成本。

P 企业为建筑施工企业，目前在甲市有 20 个在施工项目，其中一般计税项目 12 个，简易计税项目 8 个。企业在甲市全部工程建筑材料实行统一招标、统一采购、统一领用发放，企业于 2022 年 3 月 31 日购进钢筋 2 000 万元，已取得进项税额发票，进项税额 260 万元，钢筋计划于 4 月 1 日发放给各个工地，其中一般计税项目用量为 800 万元，简易计税项目用量为 1 200 万元。

P 企业通过筹划，将 2022 年 3 月 31 日取得的全部钢筋的进项税额 260 万元全部在 3 月税款所属期进行抵扣，在账簿上不区分钢筋用途，在 4 月 1 日向各工地划拨钢筋时，在账簿上区分领用用途记账，并于 4 月税款所属期申报时转出用于简易计税项目的进项税额。

用于简易计税项目应转出的进项税额 =1 200÷2 000×260=156（万元），也就是说在入库时不区分材料用途，企业在 3 月税额所属期多抵扣了 156 万元，企业通过这种方式可以为这 156 万元争取 1 个多月的使用时间。

一般情况下，材料从购进到生产领用都存在一个时间差，对用于免税、简易计税或非应税项目进项税额的不同核算方法决定了企业对这个时间差的应用。

如果材料入库即区分用途，那购进材料的当期就会转出进项税额。反之，如果将用途区分后置至领用环节，在入库环节进项税额全部抵扣，在领用环节时再做进项税额转出，则会产生递延缴纳增值税的效果。

10.2 充分利用税收优惠的筹划

当前，税收筹划作为企业节省税金支出的重要操作，已经被越来越多的企业所接受和重视，而穷尽手段利用税收优惠政策，是企业常用也安全的税收筹划方法。企业到底该如何利用税收优惠政策合理进行税收筹划呢？我们接下来一起探讨一下。

10.2.1 直接利用税收优惠进行税收筹划

直接利用税收优惠的筹划就是根据企业自身特点，找出企业能够享受税收优惠的要点，然后按照享受税收优惠的方向去进行筹划。

M 公司为劳动密集型制造企业，2021 年资产总额为 2 000 万元，平均从业人数为 320 人，利润总额为 280 万元，因为从业人数超过了 300 人的标准，所以按照相关规定无法享受企业所得税小型微利企业税收优惠，当年应纳企业所得税 =280×25%=70（万元）。

M 公司管理者在当年发现了这个情况，于是分析企业人员结构：320 人当中有 30 人是从事食堂、保洁、保安等工作的辅助人员，年工资为 60 万元。如果将工厂的食堂、保洁、保安等业务整体外包给一家物业公司，年物业管理费为 65 万元，虽然多支出 5 万元，但是公司人员可降至 300 人以内，这样 M 公司就可以享受小型微利企业所得税优惠。

那么同等条件下，M 公司的应纳企业所得税 =100×2.5%+180×5%=11.5（万元），仅企业所得税就可节省 58.5 万元，刨除多支出的 5 万元，净节省支出 53.5 万元。于是 M 公司在 2022 年，开始调整人员结构，并在当年开始享受小型微利企业所得税优惠。

其实很多税收优惠要求达到的条件并不是很难，通过改变企业的经营结构或申请资质很容易就能达到享受税收优惠政策的条件。比如小规模纳税人可以控制每季度的销售额以享受小型微利企业的增值税减免，或者通过优化企业研发人员结构申请成为高新企业、软件企业以享受 15% 的所得税税率。

这都是利用税收优惠节税的手段。

除了上述方式，企业还可以利用纳税地点方式进行税负的筹划。比如我国的海南自由贸易港就属于税收优惠力度比较大的区域，对于符合条件的产业，企业可以根据自身情况，在当地投资或设置经营机构，从而减轻税收负担。

10.2.2 找出税收优惠要素进行税收筹划

找出税收优惠要素进行税收筹划就是根据税收优惠的特点，找出与企业经营相匹配的点，进而进行税收筹划。

A 公司为建筑企业，在甲市共承包 2 处主体工程项目，分别为 M 项目和 N 项目，两个项目均能够取得相关进项发票，可以抵扣进项税。经财务人员对两个项目进行测算，M 项目利润较高，如采用一般计税方法，增值税税负率能够达到 4%，而 N 项目由于工程方压价比较厉害，如采用一般计税方法，增值税税负率预计在 1.5% 左右。

《财政部 税务总局关于建筑服务等营改增试点政策的通知》（财税〔2017〕58 号）规定，建筑工程总承包单位为房屋建筑的地基与基础、主体结构提供工程服务，建设单位自行采购全部或部分钢材、混凝土、砌体材料、预制构件的，适用简易计税方法计税。也就是说 A 公司可以选择按照简易计税方法对 M 项目进行增值税缴纳，简易计税方法的税率为 3%，在 M 项目上，A 公司能够降低 1 个百分点的税负率。N 项目采用一般计税方法的税负率 1.5% 低于简易计税方法，因而采用一般计税方法。

这种操作方式就是通过税收优惠政策，匹配自己的业务来进行筹划，以达到税负对自己最有利。再比如自来水企业一般纳税人可以按 9% 计算增值税，也可以选择按 3% 的简易计税方法计算增值税，那么自来水企业一般纳税人可以结合自身情况选择对自己有利的税率。

10.2.3 利用兼营进行税收筹划

税法规定，企业兼营不同税率项目，除混合销售情形外应该分开核算，按各自的税率核算增值税，如不分开核算则按较高税率核算增值税。因而企业兼营不同税率项目时，分开进行核算，可以达到一定的节税效果。

A公司为服装生产企业，其生产的T恤的生产成本为20元，由于需向全国发货，平均每件运费成本为3元，预计当季A公司销售该款T恤2 000 000件，其中生产成本为40 000 000元，运费成本为6 000 000元。

如果运费包含在销售价格中，按照税法相关规定属于混合销售，A公司的运费应按13%缴纳增值税780 000（6 000 000×13%）元。如果A公司同经销商采用代垫运费模式，并与M物流公司达成协议，由M物流公司承运该款产品，并直接开具运费发票给经销商，这样A公司可实现在运费部分节省增值税240 000（780 000-6 000 000×9%）元。

兼营适用于各种税种的筹划。高档化妆品是征收消费税的，高档成套化妆品中如果有非应征消费税护肤品，是要一并征收消费税的。如把高档成套化妆品中的非应征消费税护肤品拿出来单独销售或者作为赠品，那么护肤品就无须缴纳消费税。

10.3 巧用会计处理的纳税筹划

财税不分家，会计处理是一个财税人员必备的技能，更是税务处理的基础，如果会计处理都搞不懂，那么税务是绝对不可能处理正确的。在很多情况下，通过合理的会计处理是可以达到最优节税效果的。

10.3.1 通过固定资产加速折旧达到递延纳税效果

我们先从一个案例谈起。

A企业2020年1月购置一台研发用生产设备并投入使用，不含税价400

万元，价税合计 452 万元。A 企业在税务上选择将该设备一次性计入成本费用在应纳税所得额中进行扣除；在会计处理上选择按照 5 年使用期限进行折旧，预计净残值为 0。

A 企业 2020 年度采取一次性扣除时，该设备不含税价 400 万元可以一次性作为折旧进行扣除。

会计折旧 =400÷5=80（万元）

折旧的税会差异 =400−80=320（万元）

应确认的递延所得税负债 =320×25%=80（万元）

A 企业在 2021 年度的财税处理如下。

会计折旧 =400÷5=80（万元）

税务折旧额 =0 元

折旧的税会差异 =0−80=−80（万元）

冲减 2020 年确认的递延所得税负债 20（80×25%）万元。

从上例可以看出，通过固定资产加速折旧的方式，在资产投入当年可以取得很明显的节税效果，虽然这种节税效果是一种时间性差异，并不会影响整体的纳税效果，但是会赢得资金时间价值。

再比如，有些企业产品更新换代很快，因而生产设备需要快速更新。设备在投入初期会产生最大的经济效益，后期设备产生的经济效益会逐年减少，那么在这种情况下，会计处理如果选择年限平均法，就会造成前期折旧不足以抵减收入，后期收入减少折旧又大于收入，造成货币达不到最大使用效率。但是如果采用加速折旧方法的双倍余额递减法和年数总和法，就能够在前期多计提折旧，在后期少计提折旧，达到经济效益与折旧的走向同步，进而使货币资金达到最优的使用效果。

10.3.2 合理的会计处理能达到减少纳税的效果

M 公司有两个自然人股东，其中甲股东占股 60%，总股本 180 万元，乙股东占股 40%，总股本 120 万元。若甲股东要进行股权转让，转让价格为

200 万元。转让当日 M 公司未分配利润为 300 万元。

M 公司对外投资 N 公司 600 万元，M 公司持有 N 公司 40% 股权，无实际控制权，N 公司在股权转让日的未分配利润为 -800 万元。

M 公司投资 N 公司采用成本法核算长期股权投资，N 公司产生的亏损不会体现在 M 公司的账簿上。在这种情况下，M 公司的净资产是远远大于其初始投资成本的，转让价格小于其净资产份额肯定会被税务机关进行纳税调整。

因为 M 公司不实际控制 N 公司，M 公司投资 N 公司可采用权益法进行长期股权投资的核算。N 公司产生的亏损属于 M 公司的投资损失，是可以冲减长期股权投资原值的，也就是说，可以冲减 M 公司的净资产。那么在权益法下，M 公司的净资产可以被冲减 320 万元，这样 M 公司的净资产就小于其初始投资成本了，转让价格 200 万元就不会被税务机关调整。

以上就是一个非常经典的通过会计处理方法的选择，达到节税效果的案例。税务上确实存在一些特殊的规定，但是大部分还是基于会计处理进行征税的，因此在会计处理上选择最优的核算方式或处理方式，能够最大限度降低税收风险。

10.3.3　巧用税会差异的会计处理方式

非正常损失货物的进项税额不能抵扣，那么在这种情况下，增值税发生损失就是必然的。

P 公司是增值税一般纳税人，适用 13% 的增值税税率。公司去年年初购进一批价值 20 万元的不锈钢板，进项税额 2.6 万元，被雨淋腐蚀毁坏，无法进行下一步生产，因此清理后作价出售，取得收入 15 万元。

P 公司财务人员的会计处理如下。

借：待处理财产损溢　　　　　200 000

　　贷：原材料　　　　　　　　　200 000

财务人员的此种处理方式是将全部材料成本转入损失，因此进项税额 2.6

万元应全部转出不能抵扣。同时 P 公司处理不锈钢板的收入还需按 13% 计算增值税销项税额。

下面我们来看一看如何通过会计处理减少应纳税额。通过对文件的分析，我们可以看出对于原材料发生部分非正常损失，取得清理收入的部分是否可以抵扣进项税额，相关文件并没有作出明确规定。因此，只要企业会计上不作为全部损失处理，就可以不必转出全部进项税额。

接上例，P 公司清理收入 15 万元可以不认定为损失，处置差价 5 万元可以确认为损失，转出进项税额 0.65［（20-15）×13%］万元，会计处理如下。

借：待处理财产损溢　　　50 000

贷：原材料　　　　　　　50 000

通过以上会计处理方式，企业发生损失后取得的原材料清理变价收入对应的进项税额仍然可以抵扣，这是不违反增值税抵扣原理的。当然企业在处置时也可能存在加价销售的情况，那么在转出进项税额时，应该按成本价计算未损失部分，进而计算应转出的金额。

10.4　大数据管税下的税务筹划是技术与艺术的结合

一直以来，税务筹划是一个热度很高的词，甚至一个财税专家不会税务筹划就不是一个合格的专家。在大数据管税下，税务筹划会渐渐回归依法纳税的本质，其神秘面纱也会渐渐被揭开。讨论或开展税务筹划，其实就是要弄清楚税务筹划一些原则性的问题，同时需要掌握扎实的税法专业知识，可以说能在大数据管税下取得成功的税务筹划方案，都是技术与艺术的有机结合。

10.4.1　广泛使用却违法的税务筹划方式是不可取的

在大数据管税的背景下，税务筹划的基础是税法技术。企业的数据全部在税务机关的掌控之下，因而税务筹划至少要符合不违法的条件，当然"不违法"并不代表"法无禁止即可行"，筹划方案还要能还原业务本质，不能违反税法的精神，应与立法目的相符合。以下几种是违法的。

1. 以筹划为名弄虚作假

通过账外账、假账等财务核算手段进行所谓的财务筹划。一个经验丰富的财务人员确实能够将账面做得非常平整，在账面上基本上找不出明显的缺点，但是在大数据管税下，企业方方面面的数据肯定会暴露企业的问题。

2. 利用合同进行筹划

之前我们讲过利用合同的签订进行税务筹划，但是我们知道在业务已经真实发生的情况下，合同签订双方在合同上玩文字游戏，改变发货方式，改变支付方式，与业务实质相偏离，那么最终结果就是漏洞百出，会被税务机关识破。

3. 私户交易的筹划

将法定代表人的账户作为公司账户使用，购货从法定代表人处借钱，销货用法定代表人账户收款，转移经营收益。在大数据管税下，这可能是最先被税务机关查出来的风险点。

4. 合规发票的筹划

现在市场上的很多筹划其实都是从发票方面入手的。发票是税务机关关注的重点，表面上看起来合理但是偏离业务实质的发票"筹划"风险日益增加。

5. 为了优惠而去享受税收优惠

为了减轻税负而编制假数据骗取税收优惠。现在税收优惠的办理越来越便利，管理已经从前端走向中后端。从 2022 年开始，税务机关对税收优惠的核查越来越多，以后为了解决扣除凭证而成立小规模纳税人享受税收优惠这类筹划方式将会越来越没有生命力，甚至会加大企业面临的风险。

10.4.2 大数据管税下税务筹划应该走向何方

伴随金税四期的全面上线和不断优化，税务筹划的合理性、重要性日渐凸显，具有合理商业目的成为在经济高速发展下，税务机关判定业务合法性的重要评判依据。税法对"合理商业目的"的界定还是比较抽象的，其实质就是不以减少、免除或者推迟缴纳税款为主要目的，这也决定了其在实际的税务筹划中的价值还需要被深度挖掘。

在合理商业目的之外，还有一个更具有实际价值的指标是企业的实际税负率，实际税负率既指企业本身的税负率风险，也包含行业的税负率风险，在大数据管税下，这个风险指标的指向是非常明确的。比如一个增值税增值率很高的房地产开发项目，土地增值税的增值率却很低；又比如同样经营某品牌手机的两个代理商，其中一个代理商的税负率长期低于另外一个代理商。

在实践中"合理商业目的""实际税负率"是很难用税法进行界定的，但是这恰恰是税务机关对业务真实性、合理性判定的抓手，做好这方面的税务筹划会带有很大的博弈色彩，税务筹划需要丰富的实操经验，是一门实操的艺术。

税务筹划是技术和艺术的有机统一。税务筹划的开展应建立在对方案充分合法性论证的基础之上，与此同时对于方案的合理性也应有充分的预估和应对方案。二者相结合，税务筹划才能安全地落地。

10.5 大数据管税下税收筹划的原则和方法

税收筹划的综合性要求越来越高，仅懂会计和税法是无法将税收筹划做好的。在大数据管税下，税务机关对企业的风险监控涉及企业的筹资、投资、营运、收益分配的全过程，因而企业在进行筹划时既要考虑降低眼前的税收，又要关注长远发展的目标和潜在的税收风险点。

10.5.1 大数据管税下税收筹划的原则

税收筹划是企业减少直接支出的有效手段。国家对税款征收再严格，企业也不需要缴纳比税法规定更多的税，如果符合税法规定，少缴税款也是合法的。因此，税收筹划必须遵循一定原则，以避免税收筹划方案无法落地。

1.合法性原则

税收筹划必须严格遵守我国相关的税收法律规定和财务会计准则。大部分企业都知道税法的重要性，而往往容易忽视会计准则的重要性。遵守会计准则是一个企业合法纳税的基础，不遵守会计准则的企业最终会走向违法。

2.稳健性原则

在经济学中，我们都知道一个理论，那就是风险越大、收益越高，这个理论同样适用于税收筹划。分析这些年成功和失败的税收筹划案例，我们可以发现节税效果越好的方案，往往伴随的风险也越大。税务机关管税方式变化、税法调整、宏观经济政策变化、金融债务风险变化、通货膨胀风险变化等都会给税收筹划带来很大的风险，只有稳健的、最终能带来实实在在节税效果的筹划方案才是成功的筹划方案。

3.便捷性原则

当今企业在经营中会面对很多筹划方案，比如是成立总、分公司还是母、子公司，是合并业务还是拆分业务。当企业可选择多个税收筹划方案时，并不是节税效果最好的才是最优方案，简单、容易操作的方案才是优选。

4.成本最低性原则

税收筹划绝对不是在报表上做文章，很多时候会耗费较多的资金成本和时间成本，因此在筹划时要尽量考虑成本较低、效果较好的筹划方案，否则筹划收益不足以弥补筹划支出，反而得不偿失。

10.5.2　大数据管税下税收筹划的基本方法

税收筹划已经是一门涉及税法、会计、财务管理、企业管理、金融学等多门学科知识的新兴的边缘性学科，财务人员迫切需要熟知税收筹划的基本方法。在实务中，税收筹划的基本方法大致可以划分为四种，我们在这里进行总结。

1. "对号入座" 筹划法

企业可以主动"对号入座"寻找相关法律条文中对自己有利的条款，结合自身情况加以运用，以减轻税负。

比如，我国增值税起征点为季度销售额不高于 450 000 元或月销售额不高于 150 000 元，那么每月销售不均衡时，可以选择按季纳税，只要季度销售额不超过 450 000 元就可以了。再如某商场同时经营零售、餐饮，按税法规定，增值税纳税人兼有不同应税项目的应税行为，应分别核算不同税目的营业额，未按不同税目分别核算的，从高适用税率。零售业税率为 13%，餐饮业税率为 6%，因此，在税收筹划时应将零售和餐饮分别核算。

另外还有一种情况就是税法对同一征税对象同时作了几项不同的规定，纳税人选择任何一项规定都不违法。比如，房产税的计税方式有两种：一是自用房屋按房产余值以 1.2% 的税率计征；另一种是租赁房屋按年租金收入以 12% 的税率计征。那么企业就可选择对自己有利的方式进行筹划，选择自己持有或租赁。

2. 税收优惠筹划法

税收优惠是国家实施宏观调控的重要手段，享受税收优惠是一种较为合法的减少税款支出的手段，用活、用足、用好现行税收优惠政策本身就是税收筹划。

纳税人可以选择行业、地点、纳税身份、规模去靠近税收优惠的要求，以实现最好的节税效果。在使用这些筹划方式时要着重注意，一定要贯彻国家的经济、产业政策，顺应立法意图，并按照法定要求去享受优惠，切不可以欺骗的手段骗取税收优惠。

3. 税制要素分析法

税法对每一税种的征税范围、征税标准、纳税环节、纳税义务发生时间、纳税地点等税制要素作出规定，而每个要素都会对纳税人应纳税额产生影响，对税制要素进行筹划可节税。

比如，一些准备自建厂房或自持房产的企业，可以考虑注册在城市，也可以考虑注册在建制镇，因为在城市城镇土地使用税、城市维护建设税与县城和建制镇是有很大差异。

再比如由于消费税仅在生产环节征收，商业企业销售应税消费品不用纳税，因此，消费税的纳税人就可以通过设立销售公司的方式，再利用合理的转让定价尽可能多地减少生产企业的销售收入，从而达到少缴消费税的目的。

4. 临界点筹划法

我们都知道我国的税法中，税款的计算涉及的两大变量无非就是计税依据和税率，很多税种是存在阶梯税率和税收优惠的，因此通过调整计税依据，会引起适用税率降低，从而减少应纳税额。引起税率发生变化的点就是临界点。

比如个人所得税中，劳务报酬所得适用 20% 的比例税率，对于一次性取得劳务报酬的应纳税所得额超过 2 万元的部分，按 30% 加成征收，对超过 5 万元的部分，按 40% 加成征收。因此，劳务报酬应纳税所得额在 2 万元或 5 万元这个临界点上时，可按月分次领取，不至于加成征收。

再比如企业所得税法定税率为 25%，为照顾小型微利企业，应纳税所得额不高于 100 万元、100 万元至 300 万元（包含 300 万元）的，实际税负率分别为 2.5%、5%。假定某企业 12 月 30 日之前测算的应纳税所得额略高于 300 万元，可通过额外对外采购部分服务或提前采购部分服务的方式增加费用支出，改变应纳税所得额，进而降低适用税率，达到少缴企业所得税的目的。